ぼくらの「アメリカ論」

青木真兵　光嶋裕介　白岩英樹

夕書房

はじめに ― 青木真兵

本書は、アメリカ文学者、建築家、そして古代史を研究する思想家による「アメリカ」をめぐるリレーエッセイである。なぜこの三人で、「アメリカ」なのか。企画を思いついたのは一言でいえば直感なのだが、もう少しがんばって言語化してみたい。

一つには、僕自身の中での「アメリカ」のイメージがあまりに曖昧だったことがある。僕は年に一度、大学で「グローバルヒストリー」という集中講義を行っている。ここ数年のテーマは「ファストフード」だった。僕にとってファストフードはアメリカの象徴であると同時に、グローバル化の象徴でもある。これは、日本にもたらされた目新しいアメリカの文物を、個人の経験からグローバル化の一環として受容したゆえの感覚だろう。間違ってはいないかもしれないが、当たり前ながらグローバル化とアメリカ化はイコールではない。なぜなら、発祥はアメリカでも、海外の土地に文化として根付いた時点で、元々のアメリカ文化とは大きく異なったものになるからだ。

二つ目は、光嶋裕介さんの存在だ。二〇二三年夏に光嶋さんとの往復書簡『つくる人になるために　若き建築家と思想家の往復書簡』（灯光舎）を出版して以来、出版記念トークイベントツアーとして一緒に全国を回るうちに、光嶋さんと自分との共通点と相違点が気になってきた。共通点は、内田樹先生の門下生だということ。相違点は、僕は日本育ちで光嶋さんはアメリカ育ちだということだ。

この二つが結びついて大きな問題意識として僕の中で大きくなったのが、高知の雨風食堂さんでの『つくる人になるために』トークイベントのときだった。なぜかその日、光嶋さんはメジャーリーグの大谷翔平選手のユニフォームを着て登壇し、アメリカ色を燦々と放っていた。このまぶしさは何だろう。光嶋さんにとってアメリカとは何なのか。もちろん僕と光嶋さんの違いを日本とアメリカの関係にそのまま代入することはできないが、「光嶋裕介」というキャラクターが誕生した謎を解く鍵は、アメリカにあるのではないか。俄然、アメリカを知りたい、という気持ちが湧き上がってきた。

とはいえ僕はアメリカに関する専門家ではないから、どうしても分析しきれないところがある。そこでお声がけしたのが、当日会場に来てくれていた、アメリカ文学研究が専門の白岩英樹さんだ。白岩さんがこの謎解きに加わってくれれば、とてもバランスが良くなるような気がした。

はっきり言って僕は、白岩さんとお会いするまでアメリカ文学に対する関心がほとんどなかった。本文でも述べているが、僕にとってアメリカはヨーロッパの支流のような存在だった。しかし白岩さんの著書『講義アメリカの思想と文学　分断を乗り越える「声」を聴く』（白水社）を読み、それまで抱いていたアメリカ文学へのイメージが覆されたのである。

高知から帰り、白岩さんに『つくる人になるために』の感想を聞こうと、光嶋さんを含めた三人でオンラインで会うことになった。その会の終了時、僕は勇気を出して二人に「アメリカをテーマに三人で何かできないだろうか」と提案した。すると、二人は即座に快諾してくれた——これが、本書のもとになる連載のきっかけである。

僕には、企画が頭に浮かんだときに相談する編集者が数人いる。アメリカというテーマなら、彼の地への留学経験もある夕書房の高松さんしかいないだろうと思った。すぐに高松さんにメールを打つと、あれよあれよという間にウェブ連載が始まり、高松さんもアイデアを乗せてくれた。

最初の思いつきからここまで、すさまじいスピードで駆け抜けてきた。みなさんの対応力と才能に感謝したい。書かれた三人それぞれにとっての「アメリカ」が、現実のアメリカの持つ多層性、多角性のわずかでも表現できていること、それが読者のみなさんに届くことを祈って。

目次

本書は夕書房noteにおけるリレー連載「ぼくらの『アメリカ論』」（二〇二三年一〇月〜二四年六月）に、加筆・修正したものである。

1

「生き直し」のヒントを探す旅へ ― 白岩英樹

二〇二三年一〇月九日

リレーエッセイ、らしきものである。らしきものと付言するのは、我々がこれからどのような理路をたどり、その先にはいかなる迂回路や逸脱があるのか、はたまた邪径が待ち構えているのか、当人たちにも判然としていないからである。

ただ、バトンをまわすメンバーと編集者だけは決まっている。建築家の光嶋裕介さん、歴史学者／思想家／人文系私設図書館ルチャ・リブロの革命児こと青木真兵さん、高知県立大学でアメリカの思想や文学を講じるわたし、白岩英樹。そして、ひとり出版社・夕書房の高松夕佳さんが、我々三名をディレクションしつつ、編集を手がけてくださる。

肩書きについては異論があるかもしれない。それについては、追って問題提起なり、拒絶なり、弁明なりをお話しいただければと思う。全人的に生きようとする人間を特定の枠に押し込めること自体、どだい無理なのだ。わたしにとっては、光嶋さんも青木さんも高松さんも、住む場所や職業は異なれど、尊敬する友人である。ときに共感したり、ときに遠くを仰ぎ見るような感興を覚えたり。もちろん、その逆もあるかもしれない。全人的に生きるとは、そのような感情の湧出を受け容れることでもある。

しかし、幸運なことにそのような思いに呑み込まれた記憶はない。それはもしかしたら、住む場所のフィジカルな隔たりや、お互いの仕事が違うからこそ生まれる想像力、さらにはその先で開花する敬意が、ある種の感情の増幅を抑制しているからかもしれない。自他の相互受容とは、それほど大げさなものではなくて、かといってごりごりに「自律」的でも、がちがちに「他律」的でもない、そのあいだの「無律」的な状態からおのずと生まれる状態なのだろう。

「生き直し・再生」の先駆者としてのアメリカ

だが、タイトルである。なぜいまさらアメリカなのか。〈アメリカの世紀＝戦争の世紀〉と呼ばれた二〇世紀が過ぎ去り、四半世紀が経つ。アメリカ関連の書籍も、わたしの読書量では追いつけないくらいの冊数が、刊行され続けている。にもかかわらず、どうしてアメリカにこだわるのか。それは、わたしなりの理由を申せば、イギリスでの迫害から逃れたピルグリム・ファーザーズが命からがらたどり着いて以来、彼の地がいまなお「生き直し・再生（rebirth）」

の場であり続けているからである。

その後、アメリカ独立の発端となったアメリカ革命は、フランス革命やハイチ革命と並び、一八世紀に起きた三大革命と呼ばれる。が、フランスやハイチの例を見ればわかるように、革命の評価は、むしろ起きたその後の仕儀で決まる。アメリカ革命では、一三州の植民地人が宗主国イギリスの植民地主義に抗い、脱植民地化を実現した。そして独立宣言にも、「すべての人間は平等に創られている（all men are created equal）」と明確な理念を書き記した。にもかかわらず、「すべての人間」から、先住民族や黒人奴隷はこぼれ落ち、彼らは長きにわたって、「未完」の革命の犠牲者に甘んじねばならなかった。参政権においても、〈all men〉は字義通りの〈all men〉であって、そこに〈women〉は組み入れられなかった。女性たちは公的領域に相応しくない存在とされ、私的領域に幽閉された。

しかし、彼らは自らの権利を回復するために、公民権運動やウーマン・リブをはじめとする市民主体の社会運動を立ち上げ、ときに国外の同志とも連帯しながら、「生き直し」を実現してきた。その結果、公民権法には幾度も修正が加えられ、人種や性別による差別撤廃の領域が徐々に拡大されていった。草の根デモクラシーは国家としてのアメリカを大きく揺るがし、憲法前文に刻印された「より完全な統一（a more perfect union）」へ向かって、政府に「再生」を迫り続けてきたわけである。

「未完」のアメリカ革命は、いまも日々の営みにおいて継続している。ＢＬＭ（ブラック・ライヴズ・マター）や#MeTooはその延長線上にある、個人・国家の二重の「生き直し・再生」を求める闘いといえよう。

アメリカの学芸も、やはり同様の歩みをたどった。講演「アメリカの学者」によって、ヨーロッパに従属しない、アメリカ発の学問を宣言したラルフ・ウォルドー・エマソン。[*1] ウォールデン池畔での自給自足の生活から、アメリカの「自然・本性（nature）」との交感を『森の生活』に書き記したヘンリー・デイヴィッド・ソロー。[*2]『草の葉』で、アメリカの大地とデモクラシーに根ざした詩を詠いあげたウォルト・ホイットマン[*3]……。数えあげればきりがない。

だが、彼らとて、決して順風満帆に突き進んだわけではない。形式主義を嫌ったエマソンは「無神論者」として教会を去らねばならなかったし、一見すると楽観的な彼の思想が皮相的に

＊1　Ralph Waldo Emerson（一八〇三〜八二）　一九世紀アメリカを代表する思想家、哲学者、作家、詩人。自然の一部としての人間は、自然に従って生きるべきであるとする超越主義を唱え、初期アメリカ哲学を確立した。

＊2　Henry David Thoreau（一八一七〜六二）　アメリカの作家・思想家・詩人・博物学者。メキシコ戦争への批判から納税拒否。その市民的不服従の思想は、ガンジーやキング牧師の運動にも影響を与えた。

＊3　Walt Whitman（一八一九〜九二）　アメリカの詩人。印刷工、教職、ジャーナリストなどを経て、詩作の道へ。『草の葉』はエマソンに絶賛された。

捉えられ、欺瞞だと批判された。メキシコ戦争や奴隷制の拡張に抗議し、納税を拒否したソローは、逮捕・投獄された。ホイットマンの詩作に対しては、赤裸々な性的表現が「わいせつ」だとされ、とうてい詩とは呼べないと非難された。それでも、どれだけ痛烈なバックラッシュに襲われようと、彼らは自らの理念を現実社会に突きつけ続けた。そして、寄せては返す波さながらにバトンをつなぎ、「生き直し・再生」の扉を一つひとつ押し開けていった。

二〇世紀前半のアメリカを代表する批評家F・O・マシーセンは、エマソン、ソロー、ホイットマンの三人に、『白鯨』のハーマン・メルヴィルと『緋文字』のナサニエル・ホーソーンを加え、彼らの代表作が次々と生まれた一八五〇〜五五年の期間を「アメリカン・ルネサンス（American Renaissance）」と名づけた。「復興」を意味するフランス語〈renaissance〉の語源は、「re（再び）」＋「naissance（生まれること）」。つまりは「生き直し・再生」である。彼らは自分自身の「生き直し」を実践すると同時に、アメリカ自体を「再生」させたのだ。

彼の国アメリカでは、かように「未完」の革命が波状攻撃のごとく続いている。それでは此の国日本はどうか。「失われた三〇年」で我々がなくしたものは、はたしてグローバル化における経済だけであろうか。残念ながら、わたしにはそうは思えない。たとえば、教育再生会議やその後継組織に代表される「再生」は、より適切な日本語を用いれば、「後退」の謂いであった。昨今の大学政策に関していえば、「生き直し」を試みるくらいなら今生で効率よく儲けたい、そのための処世術が権勢を振るう一方である。

現行の社会システムに適応し、同調し、服従する。しかし、その種の営みが自家中毒に陥るのは必定であろう。過剰に適応し、同調がさらなる抑圧を生み、その圧力が服従しない他者を隷従させる。書いているだけでも息苦しいのだから、当事者はどれだけつらいことか。そこには自己責任として強要された「自律」や、組織に忠誠を尽くす「お上」至上主義としての「他律」はあっても、それらを押しとどめ、両者のあわいから生じる「無律」としての「生き直し・再生」はない。

そこでアメリカなのだ。彼岸のアメリカを捉え直すことで、此岸の日本を問い直し、「生き直し・再生」の糸口を掴みたい。わたし個人としては、そういうわけである。人間の生をラディカルに思考する建築家《アーキテクト》の光嶋さん、古代史や人類学、福祉社会学を渉猟しながら自由《アナーキー》に暮らす青木さん、彼らの営みには、そのためのヒントがあふれている。とりわけ、第一回を担当する身としては、おふたりの著作を参照しつつ、先に述べたソローとの関連を採りあげておきたい。アメリカ発の学芸を促進したエマソンに言わせれば、ソローほどの「アメリカ人」はいないのだから。

ソローと地続きの「ここちよさ」と「楽チンさ」を実践する仲間たち

まず、光嶋裕介さんである。

光嶋さんはアメリカで生まれ育った。しかし、アメリカの建築は、ヨーロッパに比べて歴史が浅く、時間の堆積に欠ける。空間をつかさどる建築にとって、時間の欠如は如何ともしがたい。そこで、大学入学後に、ヨーロッパ建築をめぐる旅へ出る[*4]。

ヨーロッパの重厚な歴史はアメリカの比ではない。だが、パルテノン神殿に代表される古代建築は、あまりに時間の隔たりが大きく、想像力が追いつかない。かといって、ヨーロッパにも浸透したモダニズム建築は、一人ひとりの個別性を排し、上から「普遍」を押しつけるきらいがある。そこで、彼は原点に回帰する。行きついた先が、ソローの『森の生活』である。

光嶋さんはここぞという箇所で、ソローやウォールデンに言及する。自然との対話を実践する人間に最大限の敬意を表しつつ、その姿をソローと重ね合わせ[*5]、旧友が長野で選び取った新たな生活にエールを送るかのように、「森の生活」と銘打った住宅を設計し[*4]、家から「生・死・労働」を切り離した現代人の生き方を問いながら、ソローの生活に立ち返る[*6]。どの記述も、敬意と愛情に満ちている。

ソローが暮らしたウォールデンの森は、先住民族の暮らしも内包する。師のエマソンはいったんアメリカを離れ、ヨーロッパの伝統に身を浴したのち、アメリカで「生き直し・再生」を実現した。弟子のソローはウォールデンに歴史の堆積を「再発見」した。光嶋さんの足取りは、エマソンとソローの歩みを髣髴させる。

ソローがセルフビルドした小屋とソロー自身の生き方は決して分けられない、光嶋さんはそのように語る。彼の建築の土台にあるのは「ここちよさ」の追究である。つねに変化し続ける「自分なりのここちよさ」を信頼し、自らの身体を通して「外の環境との相互作用」を味わう。そして、決して完成を急ぐことなく、自分にとって大切なことを問い、検証する。[*6] ソローの全人的な生きざまは、光嶋さんが提唱する建築の倫理「ここちよさ」に深く息づいている。

そして、青木真兵さん。

青木さんは、と語ろうとすると、言葉に詰まる。というよりも、言葉に言葉を重ねることになる。歴史学者としては、パルテノン神殿から遡ること数百年、紀元前九世紀に建国されたカルタゴおよびフェニキア人研究で博士号を取得し、それでいて社会福祉士の資格を有し、お連れ合いでもある司書の海青子さんとともに人文系私設図書館ルチャ・リブロを運営する。

しかし、青木さんは青木さんであり、それ以上でも以下でもない。青木さんは青木さん自身を全人的に生きている。全人的に生きようとすると、必然的に社会システムの枠からはみ出す。それが青木さんである。

＊4　cf. 光嶋『建築という対話』
＊5　cf. 光嶋『みんなの家。』
＊6　cf. 光嶋『ここちよさの建築』

著書を刊行するたび、精力的にトークイベントへ出かけるあたりは「講演者」としてのエマソン的でもある。「コンコードの聖人」と呼ばれたエマソンにならえば、「東吉野の自由人《アナキスト》」と表現できるかもしれない。だが、本性（nature）としては、おそらくエマソンよりもソローに近いのだろう。ルチャ・リブロのロケーションやたたずまいも、どこかウォールデンの小屋を思わせる。

ソローはコンコードの村から歩いて二五分ほどの池畔を選んだ。先住民族が遺した矢じりを拾っては思索にふけり、筆を走らせた。一方、ルチャ・リブロは最寄りの駅から車で二〇分ほど。わきには小さな川が流れ、橋のたもとには「天誅組終焉之地碑」が建つ。死者と自然とが混交する場で生が営まれ、数多の本がそれを見守る。

ルチャ・リブロを訪れるひとたちは、ほかでは打ち明けられない「本当の話」をするという。海青子さんは、その理由を自宅兼図書館であること、自然に囲まれていること、さらには書物が並んでいることにあるのではないかと推察する。彼女の言葉を借りれば、「話すこと」は「放す／離す」ことである。[*7]

来館者は、此岸としての社会システムから隔たったルチャ・リブロに足を踏み入れ、字義どおりに彼岸の自然（nature）と交感しながら、自己を拘束する「自律」を徐々に「放す／離す」ことになる。そして、本の中に眠る死者たちに背中を押されながら、青木さんや海青子さんの本性（nature）に感応し、「無律」的に自らの本性とも出逢い直しているのだろう。

それでも、青木さんや海青子さんも人間である。たとえ「他律」的ではないとしても、「自律」の網に絡み取られることがあるかもしれない。そこで彼らが唱えるのが、「楽チンさ」（海青子さん）と「なんとなく」（青木さん）である。[*8] おふたりが語る言葉は、光嶋さんが提案する「ここちよさ」と地続きにある。おそらく、一方向的な「自律」にも「他律」にも依らない「無律」とも。

「ソローの小屋」をはじめよう

彼岸と此岸の往還を実践する青木さん・海青子さんと同じように、ソローもウォールデン池畔に隠遁していたわけではない。『森の生活』には次のような記述が残されている。

I think that I love society as much as most, ...I am naturally no hermit,... わたしは人づきあいが大好きだ。自分でもそう思う。（中略）わたしはもともと隠遁者ではないのである。

＊7　青木海青子『本が語ること、語らせること』一三〇頁
＊8　青木真兵・海青子『彼岸の図書館』一八七、二七四頁

Henry David Thoreau. *Walden or, Life in the Woods and "On the Duty of Civil Disobedience"*, Signet Classic, 1999. 一一一頁、引用者訳

村から歩けば二〇~三〇分ほどの距離なのだから、ソローが述懐するとおり、彼が求めたのは決して仙人が望むユートピアなどではない。問題は社会システムや他者との距離なのだ。ソローは、それらをぎりぎり受け容れられる「ここちよさ」や「楽チンさ」を求めた。そして、実際に自分の足で歩いてみて「なんとなく」ほどよい場所にセルフビルドの小屋を建てた。だから、彼の小屋は自分だけのための空間ではなかった。事実、そこには椅子が三脚あったという。ソローは次のように語る。

I had three chairs in my house; one for solitude, two for friendship, three for society.
わたしの家には椅子が三つあった。一つめは独りを愉しむため、二つめは友を迎えるため、三つめは人づきあいのためだ。

前掲書、一一一頁、引用者訳

「独り」と「友」と「人づきあい」と。我々も、これらの椅子のいずれかにどっかと腰を下ろし続けるのではなくて、それぞれの座り心地を確かめるように、それらのあいだを巡りめぐり

ながら、一生を過ごすのだろう。願わくは、このリレーエッセイ、らしきものでもそのようにありたい。市場原理にのっとった「椅子取り競争」なんて、政府の犬にくれてやれ。ソローが生きていたら、きっとそんな悪態をつくにちがいない。

三脚の椅子とそこに腰を下ろす面々と。光嶋さん、青木さん、白岩（そして、海青子さん、高松さん）。だれがいつ、どの椅子に腰かけ、歓談の妙を味わうのか。少なくとも、これを書いている時点では、わたしのバトンを受け取る相手さえ決まっていない。けれど、その手法にさえ、「ここちよさ」「楽チンさ」「なんとなく」が満ちている。気づけば、わたしも「無律」の波に漂って、当初四千字程度と設定されていた原稿の分量をとうに超えてしまった。

『森の生活』によれば、ソローは自分の小屋に二五〜三〇人にも及ぶ人々を一度に招き入れたことがあったらしい。それでいて、密集しているという感じも抱かなかった、と。今夏に初めてウォールデンを訪れ、小屋（レプリカ）に実際に足を踏み入れた人間としては、にわかには信じがたい。建坪はわずか三メートル×四・五メートル＝一三・五平方メートル。そこにベッドや机、暖炉、そして三脚の椅子まで置かれているのだから。

我々が用意している椅子も、ひとまずは三脚である。が、通常一人一脚とされている「定員」も、場に潜在する「自然・本性（nature）」や、「友」や「人づきあい」として居合わせる相手によっては、何人でも座れるはずだ。ソローの例を見る限りは、椅子や小屋なんて、いくらでも伸縮するらしいのだから。セルフビルドした小屋も三脚の椅子も、社会や共同体の謂いなんですよね。ことによると、次に椅子に座るのは、あなたかもしれない。ソローの小屋に招かれたようなお気持ちで、どうかごゆっくりおつきあいいただければ幸いである。

参考文献
Henry David Thoreau. *Walden or, Life in the Woods and "On the Duty of Civil Disobedience"*, Signet Classic, 1999.
F・O・マシーセン『アメリカン・ルネサンス　上・下――エマソンとホイットマンの時代の芸術と表現』飯野友幸、江田孝臣、大塚寿郎、高尾直和、堀内正規訳、上智大学出版、二〇一一年
青木真兵・海青子『彼岸の図書館――ぼくたちの「移住」のかたち』夕書房、二〇一九年
青木海青子『本が語ること、語らせること』夕書房、二〇二二年
川勝平太・鶴見和子『「内発的発展」とは何か――新しい学問に向けて』藤原書店、二〇〇八年
光嶋裕介『ここちよさの建築』NHK出版、二〇二三年
光嶋裕介『ぼくらの家。――9つの住宅、9つの物語』世界文化社、二〇一八年
光嶋裕介『増補　みんなの家――建築家一年生の初仕事と今になって思うこと』筑摩書房、二〇二〇年
浜忠雄『ハイチ革命の世界史――奴隷たちがきりひらいた近代』岩波書店、二〇二三年

2

小さな跳躍を重ねて、獲得する大きな自由――光嶋裕介

二〇二三年一〇月二三日

私が楽観的で実利的な理由

私は、オプティミスティック（楽観的）で、プラグマティック（実利的）な人間であると言われることがあり、自分でもそう自覚しているところがある。それは、ベーシックなところで無駄なことをするのが嫌いで、常にハッピー（ご機嫌）でいたいと心がけているということ。いや、心がけているというほど大袈裟なことでもなく、日々の生活を通していつしか楽観的で実利的であることが、私の骨の髄まで染み込み、ごくごく自然とそうなったという方が正しいのかもしれない。

まずは、オプティミスティックについて。楽観的であるとは、悲観的にならないことを意味

する。物事を極力肯定的に捉えて、前向きであろうとしている。これは、自らのパフォーマンスに対する内省を繰り返し、不安と自信の間を行き来する中で、自ずと身についた感覚ともいえる。野球などのスポーツをやってきた私は、大の負けず嫌いであり、いつも勝つためにどうしたらいいか、何をしたらもっと上手くなるかと常に考えるうちに、「やってみなきゃわからない」状況では、必ず全力でバットを振る癖がついた。

悲観的になったり、一方的に否定したりすることは、驚くほど何も生み出さない。チャンスでの見逃し三振は、試合の流れをピタッと止めてしまう。嫉妬や妬みの感情も同様に（もちろん、つい嫉妬してしまうことは今でも多いが）、一ミリも生産的ではない。勇気をもって跳躍（jump）するには、ポジティブであろうとする姿勢こそが大事なのである。

私がそのことに気づいたのは、三二歳で始めた合気道の影響が大きい。合気道は強弱・勝敗を競わない武道のため、試合もなく、他人と比較考量することに一切の意味を見出さない。これには、驚いた。他人と比べても自分の動きがよくなるわけではないことを道場で実感し、他人と比較狭量している時間がもったいないと感じるようになった。この「もったいない」という考え方に、次のプラグマティックであることが関係してくる。そう、実利的な人は、兎にも角にも無駄が大嫌いなのだ。

自分にとって無駄とは、大体において無意味なことであり、そんなことをしている時間がもったいないと感じてしまうのである。そもそも「意味（meaning）」とは、自分にとって何が有意義かを考えてみることで初めて生じてくるものである。

私は、具体的な目的がないと、行動できない人間である。事前に物事の善悪と価値を判断し、考え抜いた上で、積極的に行動(action)することを大切にしている。要するに、目的と手段をはっきりさせなければ、自ら行動することができず、腰がずっしり重くなる。逆に、自分にとって意味がある、正しいことは、すべて合理的だと思えるから、私は自ずとプラグマティックになっていくのである。

例えば、つらい受験勉強(手段)を頑張れるのは、どうしても行きたい大学(目的)があるからである。もしそれが「答え合わせのできないテスト」だったら、つらい受験勉強になんて耐えられるはずもない。そんなテストは、そもそも受けても仕方がない。だから模範解答のあるテストによって個人の能力を数値化し、査定する「偏差値」という基準の合理が誕生する。

偏差値の存在は、自分を集団の中で定位し、向上しようと頑張る目的になる反面、なんでも査定的に考えるという不自由な癖を植えつけてしまう。自分の世界の見方に偏った癖がつくと、そこからなかなか抜け出せなかったりする。

物事の意味というのは、時間の経過によって変わり得る(可塑性)から難しい。目的と手段に一義的にリンクした固定的な「意味」だけに執着しすぎると、無意味だと感じることを即座に却下し、未来の可能性からもすっかり排除して、無駄に耐えられなくなってしまう。そのうち、誰にとっても平等に与えられているはずの「時間」という大切なギフトさえ無駄にするようになっていく。

私が根っからの「いらち（関西弁でせっかちの意）」なのも、これで説明がつく。私はボーッと何もしないでいることができない人間なのである。

こうして、無駄を嫌い、悲観も（なるべく）嫉妬もせず、暇が耐えられない人間が誕生する。オプティミスティックで、プラグマティックな人間は、根本的にポジティブな人間である。やらない後悔だけは絶対にしたくないから、「やってみなきゃわからない」が、少しずつ「やればできる」に変容していくのが面白い。そのうちに、何事も勇気をもって一歩を踏み出しさえすれば、そのままゆっくり動き出し、何度失敗しても結果的には次なる跳躍につながると信じられるようになってきた。

では、そんな私は、どうやってできたのか？

アメリカ社会のマイノリティに生まれて

そこで、アメリカである。

私は、父の仕事の都合で家族が滞在していたアメリカのニュージャージー州で生まれた。三人兄弟の真ん中である。三つ上の兄と四つ下の弟には、それぞれ日本語の名前と同じ頭文字を冠するイングリッシュ・ネームが付けられたのに対し、「裕介」の「Y」から始まる名前が思い浮かばなかった父は、私が四月の第二日曜日のイースターに生まれたことから「Easter Bunny（イースター・バニー）」の「B」を取って「Brian（ブライアン）」と付けたというのを最近知った。キンダーガーテン（幼稚園）に通うようになると、私はこの「ブライアン」という名とともに家族という共同体から小さな社会へと飛び出していった。

個人的には「ブライアン」という名前はとても気に入っているし、愛着もある。しかし同時に、別人格（複数性）を有して生きているような、どこかしっくりこない違和感らしきものもなくはない。それは、私が生まれたときからアメリカ社会のアジア人というマイノリティであったことによる違和感なのかもしれない。特に差別されたわけではない。自分がアメリカにおけるマジョリティではないことを自覚せざるを得なかったということであり、特段に嬉しいことでも、悲しいことでもない。ただ偶然（by chance）そうであったとしか言いようのないことだと思っている。

ボン・ジョヴィを聴き、ソフトなチョコチップ・クッキーと、どデカいペパロニピザが大好きな私は、アメリカの広い空の下でニューヨーク・メッツのキャップを被ってベースボールをしながら自由にのびのびと育った。

私にとってアメリカは、「スケールが大きく（big）」、「圧倒的に自由（free）」な国である。白岩さんが『講義 アメリカの思想と文学』（白水社）の冒頭で、アメリカの「声（voice）」に耳を澄ましていく上で、アメリカという国の通低音として流れる三つの特徴を提示していて、深く頷いた。（1）広大な国土、（2）歴史が浅いこと、（3）多様な民族性、がアメリカなのであると。

草刈りした後の芝生の香り漂うだだっ広い公園や、ひたすらまっすぐ伸びるアスファルトのハイウェイ、バケツみたいなコカ・コーラのサイズなど、アメリカにまつわるすべてが規格外に大きいことは、説明するまでもないだろう。それより考えてみたいのは、圧倒的自由についてである。

自由であるということは、「なんでもできる」ということである。「アメリカン・ドリーム」という言葉があるように、自立した強い個人（フランクリンの言う「セルフメイドマン」）が夢を現実にできる、可能性に満ちたフェアな未来が与えられている社会がアメリカなのである。

白岩さんも引いているように、アメリカの独立宣言が第一に「すべての人が平等である（all men are created equal）」と謳っているのは、重要なことである。機会（chance）は平等に与えられているし、個人の人権は絶対に守られなければならない。その個人が自由に、好きなことをやりたいだけやれる社会をつくるには、一体どうしたらいいのか。

ここで、倫理（ethics）という大きな問題が出てくる。

みんなが自由に生きることができる社会を持続させるには、一人ひとりが他者への想像力を働かせ、多様性（diversity）を認めながら、社会全体が民主的につくった「ルール（規範）」を守らなければならない。ルールはいつだって完璧ではないが、異なるものを持った者同士が、他者と対話を重ね、少しずつ自らの手で改良していくというのが、健全で成熟した社会の倫理なはずである。

この自由な社会には「責任（responsibility）」が伴う。私がそのことを経験したのも、やはりアメリカだった。

家族旅行でグランドキャニオンに行ったときのこと。あまりにスケールのデカい風景を前に、ただただ言葉を失った。目の前に広がるのは、まるで「スターウォーズ」の世界。ごっこ遊びに熱が入り、調子にのった兄が足を滑らせてしまった。危うく高い崖を転げ落ちそうになって、私も母にこっぴどく叱られた。

その夏、日本に一時帰国した際に、祖父母のいる田舎へ行く途中、日本海に面した東尋坊を家族で観光した。グランドキャニオンで怒られた私たちはおとなしくしていたが、海に迫り出した東尋坊には安全柵がぐるりと張り巡らされていて、落下の危険が回避されていた。波しぶきの上がる圧巻の風景とは、ずいぶん距離があって残念だった。フェンスの一切ないグランドキャニオンで体験した、景色と一体化する感動は、そこにはなかった。

アメリカの自由を担保する公平性

ガラッと話題を変えてみよう。

今、ロサンゼルス・エンゼルスに所属する大谷翔平選手は、アメリカン・ドリームを生きている。一〇〇年前のベーブ・ルースしか比較対象がいない二刀流という新境地を開拓し、二〇二三年にはホームラン王にもなった。史上最高の野球選手というリスペクトを込め、彼は「ユニコーン（unicorn）」と呼ばれている。

二〇二三年シーズン前の三月に行われた国際大会ワールド・ベースボール・クラシック（WBC）で、大谷は決勝マウンドに立った。それも日本が一点リードする九回表二アウトという痺れる展開。なんと打席には、エンゼルスの盟友でアメリカ代表のキャプテン、マイク・トラウトが立っている。まさに夢の対決だ。大谷は豪快なスイーパーでこのスーパースターから空振り三振を奪い、みごと世界一に輝いた。

しかし、このWBCにおける漫画のようなサクセス・ストーリーの裏には、不可思議なルール変更があったことを、あまり多くの人は知らない。

アメリカが予想に反して準々決勝進出に苦戦し、日本と同じプールに入ってしまったため、大会主催者（メジャーリーグ機構とMLB選手会）[*1]が日本とアメリカの対戦が決勝に来るように、しれっとアメリカを急遽トーナメントの反対側のプールにスライドしたのである。

筋書きのないはずのスポーツトーナメントのルールが、興行収益の最大化という大人の事情のために変更されたのである。ありそうな話ではあるし、その結果、世界中の野球ファンが興奮する素晴らしい大会となり、主催者は大成功を収めたわけだが、公平性の観点では考えさせられなくもない。

あれだけ盛り上がった大会だ、野暮なことを言うなと思われるかもしれない。公平性よりも娯楽性を優先させただけの話ではないか。しかし、倫理的に突き詰めて考えると、やはり反対側のプールになってしまったチーム（メキシコ）の「あったかもしれないもうひとつの決勝」のことを考えてしまい、やるせない気持ちになる。喉に小骨が刺さったように、スッキリしないものがある。主催者がルールを自分たちの都合のいいように、利益が上がるように変えてしまっては、プレーヤーたちのフェアネスはどうなってしまうのか。

プレーヤーの自由は、ルールというフェアネスの薄氷の上に成り立っている。フェアネスは、プレー環境や土台づくりに関係してくる。メジャーリーグで大谷が前人未到の記録を打ち立てたり、記憶に残るプレーができたりするのは、先人たちが不完全なルールを更新し、守られてきたフェアネスの信頼性を維持してきた上で、新しい道を切り拓いてきたからなのだ。

自由は、先人たちが少しずつ獲得した

小学一年生だった一九八六年、応援していたニューヨーク・メッツがワールドチャンピオン

＊1　二〇二四年、ロサンゼルス・ドジャースに移籍。

に輝いた。その後日本に帰国するも、中学からまた父の仕事でカナダのトロントに住むようになると、九二年と九三年、二年連続で地元のトロント・ブルージェイズが連覇を果たす。巡り合わせの不思議さも相まって、私はメジャーリーグに熱狂したが、そこで自分と同じ日本人がプレーすることなど夢にも思わなかった。

しかし、である。高校に入った一九九五年、その高く堅い壁をぶっ壊す人物が現れた。なんと野茂英雄がロサンゼルス・ドジャースと契約したのだ。

あのときの興奮は、今でも忘れられない。トルネード投法という誰も見たことのないダイナミックな投げ方に加えて豪速球と落差のあるフォークボールを武器に、野茂はメジャーリーグで旋風を巻き起こした。どんなときも笑わない、毅然とした武士のようなところも、かっこよかった。そこから、イチローや松井秀喜など、多くの日本人メジャーリーガーが後に続いた。野茂がいて、大谷がいる。

何事も「初めて」というのは、大変なのである。白人のための白人によるメジャーリーグには、人種の壁を初めて破った偉大なパイオニアも存在する。

野茂が契約する半世紀ほど前の一九四七年四月一五日、ブルックリン・ドジャースはジャッキー・ロビンソンと契約し、初めてのアフリカ系メジャーリーガーが誕生した。

ジャッキーは類まれな身体能力で、それまで「ホワイトマンズ・ゲーム（白人の遊び）」と言われていたベースボールを拡張し、「再生（rebirth）」させた唯一無二のアスリートである。圧倒的マイノリティであるという逆境に屈することなく、チームメイトや観客からの差別的な態度にも毅然として立ち向かい、ボールパークを訪れる人々を魅了し続けた。そのパフォーマンスの高さに加え、人間としての度量の大きさが彼に自由の扉をこじ開けさせ、多くのマイノリティへの道を拓いたのである。

好きなことをやる自由は、天から与えられるものではなく、ただそこにあるものでもない。先人たちの勇気ある跳躍によって、少しずつ獲得されていった賜物（gift）ではないだろうか。人間は弱く、一人では生きられない。他者と共に集団をつくって生きていく以上、それぞれが覚悟と責任をもってルールを守らなければ、誰も自由にすることなどできない。自分さえ良ければいいわけではない。自由であるためには、強く（tough）、公平（fair）でなければならないことを、ジャッキーはその背中で確かに教えてくれたのだ。

ジャッキーの付けた「42」という背番号は、今ではメジャーリーグの全チームにおいて永久欠番となっている。これこそ、彼に対する最大の敬意の表明だ。

ジャッキーがドジャースと契約した日を記念して、毎年四月一五日には、全選手が背番号42のユニフォームでプレーする。みんなが同じ背番号なので、誰が誰だかわからないが、差別をなくし、誰もがフェアな環境の下でプレーすることの大切さを伝えるアメリカらしいルールだ。私は、自分の誕生日がこの「ジャッキー・ロビンソン・デイ」であることを密かに誇らしく思っている。

人づきあいとしての対話を重ねる

さて、建築のことを書く前に既に紙幅が尽きてしまった。

白岩さんのエッセイへの応答のつもりだったのだが、勢いに任せて書いていたら、ソローのことも、ここちよさや無律、椅子についても触れられなかった。最後に、一つだけ。白岩さんが「society」を「社会」や「世の中」ではなく、「人づきあい」と訳していたことに共鳴し、感じたことを書いて、筆を置きたい。

社会というのは単なる他者の集団ではなく、顔の見える他者との泥臭い人づきあいがあってこそ、立ち上がるものなのだ、と改めて気づかされた。そんなことをイメージするだけで、言葉の表情は柔らかくなるし、グッとリアリティを持って迫ってくる。

私は、このリレーエッセイを通して「アメリカ」について考えてみたい。変わり続ける不確かな世界で、どう生きていくべきかを考えるために、アクチュアルな人づきあいを通して丁寧に対話を重ねたい。

不確実な世の中において、他者をわかり合えないと決めつけ、無関心や不寛容を募らせていては、社会の分断が深まるばかりだ。同質的な集団にぬくぬく安住して閉じこもっていては、見えないものがある。未知なるものと遭遇しながら、敬意をもって終わりのない対話を重ねていくしかないだろう。そこには魔法のような答えも、デジタルな結論も見込めない。しかし私はむしろ、わからなさの中でためらいながら誠実に対話する人づきあいを通してでしか生成されることのないフレッシュな意味を、丁寧に汲み取っていきたいと思っている。

決してわかった気にならず、簡単に他人事と片付けず、粘り強く対話することによって自分の言葉の意味の枠が外れ、ゆっくり拡張されていくのを見てみたいし、少しずつ意味の世界への執着を解いていきたい。偶然に対して自らを開いていくと言い換えてもいい。

生まれ故郷であるアメリカは、私の自我の形成において大きな位置を占めている。ただそれは、意識して思考し、言語化して光を当てないと、見えてこない部分でもある。

日本語（裕介）と英語（ブライアン）という二つの言語（自我）を往来しながら、自分なりの跳躍をポジティブに重ねるような親密（intimate）な対話をしてみたい。誠意ある「人づきあい」の延長線上に今の自分があると考えれば、まさにこれから三人で重ねる対話は、オプティミスティックで、プラグマティックな私にとって何よりの学び（自己変容）の契機であり、生き直しになるだろう。

どうなるかわからないからこそ、やってみたいのである。

3

僕の人生に「アメリカ」は関係がないと思っていた――青木真兵

二〇二三年一一月六日

なぜアメリカについて語り合いたくなってしまったのだろう。まずはそのあたりから話を始めていきたい。

幼いころから、アメリカを意識したことはなかった。行ってみたいと思ったこともないし、特段のかかわりもなかった。祖父が海軍にいたので先の戦争の話は聞いていたし、もちろんその戦争はアメリカと戦ったもので、数えきれないほどの空襲や二度の原爆投下で日本に住む人びとがたくさん殺されたことは知っていた。それでもすごく遠い国、自分とは関係のない国だというイメージがあった。だから今、アメリカと聞いて頭にパッと浮かぶのは、高校三年生の秋――二〇〇一年九月一一日の夜のことだ。自室で受験勉強をしながらラジオを聴いていたら、突然ニュースが飛び込んできた。

「ニューヨークへ行きたいか？」と参加者に大声で問いかけるクイズ番組を見ていた世代でもないから、彼の地に憧れを抱いたこともなかった。しかしラジオでその一報を聞き、すぐにテレビをつけたときの衝撃は忘れることができない。ニューヨークの世界貿易センタービルという巨大な二棟建のビルに、飛行機が突っ込んだというのである。

僕がテレビをつけたのは、一機目の突入直後だったと思う。そのうち、超高層ビルにもう一機の飛行機が突っ込んでいく様子をリアルタイムで見ることになった。僕は実質的に、後に「テロの時代」の幕開けと位置づけられる出来事とともにアメリカを初めて意識することになったのだ。

9・11から始まった僕のアメリカ

大学に進学したら、考古学を勉強しようと決めていた。理由は明確ではない。たぶん考古学という響きに惹かれたのだろう。幼いころから漫画で読み、テレビでよく目にしていたツタンカーメンやピラミッド、そういうものにかかわってみたかったのだ。だから外国考古学が勉強できる大学だけを受験し、入学した。

しかし実際に入ってみると、その外国とは中国のことだった。当時、これからは中国の時代だと言われていて、その言にのって中国語を学ぶ友人もいたが、僕はいまいち関心を持てなかった。考古学研究会に入会し、OBも含めた最初の飲み会の自己紹介で「エジプトやギリシャなど外国の考古学に関心がある」と述べたとき、失笑されたことを今でも覚えている。研究会は翌年春には退会し、春休みは東京の街をただぶらぶらしていた。

大学二年生になってもやりたいことは定まらない。写真部や落研の見学にも行ったが、しっくりこない。そんななか、運命の出会いは突如現れた。なにげなく出てみた古代エジプトの講義を担当する新任の先生が、エジプト学を専門とする人だったのである。

その日から僕の生活は一変した。大学の図書館に入り浸り、エジプトをはじめとする古代オリエントの本を読んでは、アポイントメントも取らずに先生の研究室に押しかけ、感想ともつかない言葉を伝え始めたのだ。先生と話すうちに古代オリエントへの憧れは増幅していく。この目で現地を見てみたい。そのころから池袋にある古代オリエント博物館にも出入りし始めていた僕は、まずは夏休みにトルコへ行くことを決めた。

なんと言ってもトルコには、山頂に大きな神像の頭などが転がっているネムルト・ダウという遺跡がある。イスタンブールやカッパドキアなど、異国情緒溢れる都市や遺跡にも関心があったし、中近東文化センターを中心とした日本の発掘調査隊がトルコに現場を持っていることも知った。とりあえず、そこに行ってみよう。興奮気味に話す僕を、周囲は「治安は大丈夫か」「危なくないのか」と心配した。アメリカであの大きなテロ事件を起こしたのは、イスラム教徒だ。トルコも、イスラム教徒の国ではないかというのだ。

もちろんそんなことでトルコ行きを断念する僕ではなかった。行ってみると、人びとはみな本当に優しく歓待してくれた。当たり前だが、イスラム教徒の国だからといって危ないわけでも、イスラム教徒だからといって敵対的なわけでもないのだと実感した。しかし9・11同時多発テロ事件の後、イスラム教徒やアフガニスタンが敵視され、メディアでそのように喧伝されていたことも事実だった。

当時のアメリカ大統領ジョージ・W・ブッシュは、報復としての対テロ戦争を十字軍になぞらえた。十字軍とは、中世ヨーロッパにおいてキリスト教徒が聖地エルサレムをイスラム教徒から奪回する、軍事的な活動である。アメリカは自分たちを正義の側に置き、相手を敵側に据えた。その根拠として歴史を持ち出し、戦争を正当化したのである。

考古学者にとってはアウトオブ眼中、でも……

こうして世界はキリスト教対イスラム教の対立構図で語られていった。

そうした中で考古学を学んでいると、その両宗教にも「はじまり」があることがわかってくる。そのはじまりのさらに前にはユダヤ教という「はじまり」があり、そのユダヤ教もあるタイミングで人類史に登場してくる。現代世界で多数派の一神教への信仰は、人類史全体でみると、かなり新しい出来事なのだ。それ以前の人びとは多神教を信仰し、少なくともキリスト教対イスラム教というような対立の図式で語られる宗教戦争は存在しなかったようである。僕は現代とは異なるパラダイムが支配したであろう時代としての、一神教誕生以前の古代地中海世界への関心を深めていった。

何がいいたいのかというと、古代地中海世界の歴史からすると、アメリカはとても新しい国なのである。過去を眼差す考古学や歴史学にとって、アメリカははっきり言ってアウトオブ眼中だ。ヨーロッパの歴史や文化は、古代地中海で生まれた都市や神殿、言語や宗教が、古代ローマ帝国やゲルマン民族による建国、幾多の戦争を経て展開してきた本流とされている。アメリカの歴史はそこから派生した一支流にすぎない。ヨーロッパ文化を何重にも漉してできあがったのがアメリカではないか。考古学にのめり込むほど、僕はそんなふうに思うようになった。そのように、ある意味純粋に考古学や歴史学を研究しようとすると、アメリカは視界に入ってこない。だがその後、その研究を取り巻く環境、つまり現代社会について考え始めると、僕の視界に急にアメリカがフェードインしてきた。

大好きなハンバーガーやプロレス、幼いころ家族で行ったディズニーランド、なぜか勉強しなくてはならない英語、自由とその背後にある自己責任というよく耳にする考え方……実は僕の暮らしの隅々にまで「アメリカ」は行き渡っていたのだ。さらに世の中を見渡すと、なぜ沖縄に米軍基地が集中しているのか、日米地位協定とは何だろう、中東地域でなぜアメリカの存在がこれほど大きいのかなど、どんどん疑問が湧いてくる。現代社会の事象を一皮剥けば、そのほとんどすべてにアメリカがかかわっていた。

就労支援で得た「未来を見る目」

この視界の変化には、僕の生活や意識、状況の変化が大きく影響している。

二〇一六年、僕は奈良県東吉野村に引っ越した。周囲は山に囲まれ、家の目の前には幕末に新たな時代を切り開こうとして散った若者を祀る史跡があり、すぐ下には滔々と川が流れている。そう簡単に変化しない自然や、想像力を働かせればなんとかつながることができそうな幕末の人間の歴史に常に触れることのできる、つまり僕の「過去を見る目」を発揮できる場所だ。

一方、引っ越しと同時に始めた就労支援は、障害のある人が働き、その人生を生きていくことをサポートするという「未来を見る」必要のある仕事である。この仕事に従事して二年ほどが経ったころから、「現代社会で障害のある人が生きるとはどういうことなのか」という問いは、僕自身の生涯のテーマとなった。

障害とは何かというとき、それはひとえに社会の問題であると知ったことも大きい。障害とは手や足を欠損していたり、知的能力が一定の値より下であったり、幻覚や妄想が見えるといった事象だけを意味するのではない。これらの症状が障害となるのは社会側の問題なのであって、社会が変われば障害ではなくなる可能性がある。

例えばＩＴ化が進み、仕事と生活の切れ目がなくなっていく中、バーンアウトによるうつ病が増えているという現実がある一方で、かつて障害とされた視力の低さは眼鏡やコンタクトレンズの発達で、もはや障害とは認識されていない。社会が変わることによって、僕らが今当たり前に諦めていることや悔しい思いをしていることも変化する可能性がある。就労支援という仕事への関心や実務を通して、僕は「未来を見る目」を得たような気がしている。そしてこの「未来を見る目」自体に、「アメリカ的なるもの」が標準装備されているような気がするのだ。

マイ・アベンジャーズとの「アメリカ的なるもの」への旅に出かけよう

そういう意味で、アメリカを知ることはこれからを生きる上で必須な事柄だと思う。国民国家としてのアメリカについての情報を多く仕入れることのみならず、僕らが生きる世界にどれだけ「アメリカ的なるもの」が含まれているのかを知ること。グローバル化の中で、僕らはそれをあたかも地球全体の歴史的必然性に基づいた自然現象のように認識してしまっているけれども、それで良いのか。普段当たり前に見ている世界や社会における「アメリカ的なるもの」の含有率を測ってみると、違う選択肢が見えてくるかもしれない。生活レベルではもう少し「アメリカ的なるもの」を取り除いたほうが良いかもしれないし、社会レベルではもう少し「アメリカ的なるもの」を取り入れる必要があるかもしれない。それはこのメンバーとの対話を重ねることで、アメリカへの解像度が上がるにつれ、見えてくるだろう。

身近なところで声をかけたこの「マイ・アベンジャーズ」は、結果的に絶妙なメンバーになった。本書を通し、僕らと一緒にアメリカについて、生活について、社会について、世界について、楽しみながら考えていっていただければ幸いである。三人分の長い前書きはこれで終了だ。次のバトンを受け取る人から、本題に入っていくはずである。さて、どんな話になるのやら。

4

「移民国家」アメリカ――「文明人」はどちらなのか

二〇二三年一一月二〇日　白岩英樹

早くも二回目の番が回ってきた。とはいっても、手を挙げ、光嶋さん―青木さんとつながってきたバトンを受け取ることを所望したのは、わたし自身だ。そうせずにはおれない自分がいた。その理由は、かつて不可視化された存在からの「呼びかけ（call）」に対して、「応答（response）」せねばならないという「責任（responsibility）」を腹の底で感じたからである。

たとえエッセイとはいえ、自分に嘘はつきたくない。死者が眠る「ゲート（gate）」の向こうへ行く人間が現れたら、ちょっと待って！　と声をかけ、巡礼の道行きにお供したい。それが、死者の声を聴いた「ゲートキーパー（gatekeeper）」としての使命というものである。いったん見聴きしてしまった以上、彼らはわたし自身の血肉と化したのも同然であるのだから。

無数の声を内に取り込むことで成立する自己から、他者をクリスタルクリアに切り分けることなどできない。ましてや、黙過したり放下したりすることは、自己を邪険に突き放し、葬り去るに等しい。自他の対話の場においても、不可視化された他者の声をそこから抜き去ってしまえば、後に残るのは独断と放言に満ちたエコーチェンバーとフィルターバブルだけになってしまう。

そのような惨状はなんとしてでも避けたい。光嶋さんがいみじくも語ったように、わたし自身も「わからなさの中でためらいながら誠実に対話する人づきあいを通してでしか生成されることのないフレッシュな意味を、丁寧に汲み取っていきたい」。そうして、お互いの言葉から醸成される思想や精神性から「学び（learn）」えたことを、三つの椅子をゆっくり移動する過程で、自らの言葉で「学びほぐし（unlearn）」ていきたいのだ。[*1] そして、それら一つひとつの手ざわりを確かめながら、バトンとして次の仲間に手わたせれば、と思っている。

そのためにも、違和を感じるところがあるならば、放言の一歩手前で伝え合い、自他の足場を確かめ合うことが、より誠実な対話の前提になろう。それは相手が誰であろうと変わらない。せっかく言葉を紡ぎ合っていくならば、そのような相互省察を介した「成熟」を、「遅熟」でも「追熟」でも、追究していきたい。わたし自身は本リレーエッセイの意義をそのように捉えている。

＊1　鶴見『教育再定義の試み』九五頁

アメリカの内外には矛盾が残存する

一神教が生まれる以前の古代地中海史を専門とする青木さんにとって、考古学や歴史学の視点からすれば「アメリカははっきり言ってアウトオブ眼中」であり、「本流」とされるヨーロッパの歴史や文化から見れば「アメリカの歴史はそこから派生した一支流にすぎない」。そして、「ある意味純粋に考古学や歴史学を研究しようとすると、アメリカは視界に入ってこない」という。にもかかわらず、思考が現代社会におよぶと、「視界に急にアメリカがフェードインしてきた」とも。

今日、「帝国」アメリカの深部を透視するのは困難を極める。もちろん、「属国」さながらの立場におかれた日本に対する「圧政」は、青木さんが語る沖縄米軍基地の問題を含めて、つねづね感じられる。けれども、それらと「本来」のアメリカに潜在する問題を接続して考えることが、非常に難しくなっている。あまりに悲惨な過去があったこと、さらには歴史の遺却がいまなお継続しているがゆえに、幾重もの曇りガラスを通したような状態でしか、アメリカをまなざすことができないのだ。

9・11同時多発テロ事件が起きた後、アメリカ先住民族のあいだで、「自分たちの土地を守る、一四九二年からテロと戦ってきた（Homeland Security, Fighting Terrorism Since 1492）」と胸に書かれたメッセージTシャツが広まったという。[*2] 一四九二年とは、いうまでもなく、コロンブスがアメリカを「発見」した年である。先住民族のメッセージは、二〇〇一年の同時多発テロだけでなく、彼ら自身を先祖伝来の土地から引き剥がし、排除し続けてきた入植者たちにも向けられていた。彼らの怒りはアメリカの内と外に残存する矛盾を鋭く突き刺すものであった。

にもかかわらず、というべきだろうか。二〇一一年の掃討作戦でオサマ・ビンラディンに使われたコードネームは「ジェロニモ」。「帝国」アメリカによる迫害に、最後まで抵抗を続けた先住民族長の名であった。そして、攻撃ヘリコプターにはアパッチ、ステルス・ヘリコプターにはコマンチと、さまざまな兵器に先住民の部族名が使用された。国内では彼らの排除を推し進めながら、国外では勇猛な先住民族名を誇示し、アルカイダの指導者に対して、先住民の英雄の名前を付与する。はたして、アメリカの主体は那辺に存在し、どこを向いているのか。

建国の礎には先住民へのリスペクトがあった

建国当初のアメリカは、ヨーロッパからの差別を押し返すのに躍起だった。というのも、フランスの生物学者ジョルジュ＝ルイ・ルクレール・ド・ビュフォン[*3]が、新大陸アメリカの動物

＊2　阿部ほか『アメリカ先住民を知るための62章』一〇六〜一〇七頁

はヨーロッパの生物よりも劣っているという仮説を唱え、それらをアメリカの先住民族にも適用したからである。曰く、アメリカの先住民は身体が弱く、感覚も鈍い。怯懦かつ臆病で、敏捷さも精神の活力もない……。

ビュフォンの説や手法は、現在顧みれば、似非科学を用いたレイシズムの典型にすぎない。しかし、二〇年近くにわたってアメリカ学術協会の会長を務めたトマス・ジェファソン[*4]は、彼の蔑視に満ちた仮説に対し、一つひとつ丁寧に反論を施していった。そして、「実に心痛む描写であるが、私は人間性の名誉のために、ここに描かれた情景には原型がないということを喜んで信じたいと思う」と書き、先住民族の尊厳を守った。[*5]

また、合衆国憲法の民主主義や連邦構造に関する条項は、「建国の父」ベンジャミン・フランクリン[*6]が、イロコイ族の部族同盟から深くインスパイアされてできたことが知られている。彼らの連合体は、単なる垂直方向の支配構造ではなく、かといって水平方向への連帯や和解だけでもない。フランクリンが感心するほど、その組織形態は絶妙だった。それは「自然と人間との結合の意識」に根ざしており、当時のヨーロッパ人や入植者たちにはとうてい理解できるものではなかった。[*7]

セトラー・コロニアリズムが奪ったもの

しかし、一九世紀に入ると、入植者たちによる先住民政策は大きく舵を切る。いわゆる「明白なる運命」[*8]による、「西漸運動」[*9]が推し進められたのである。彼らは圧倒的な武力で虐殺を繰り返し、先住民の土地を収奪しながら、西へ西へと「帝国」アメリカの領土を拡張していった。その所業を今日の倫理と言葉で捉え直せば、「民族浄化（ethnic cleansing）」のそしりを免れえないだろう。

入植者たちが持ち込んだ感染症の影響も甚大であった。コロンブス到来時には、少なく見積

＊3　Georges-Louis Leclerc, Comte de Buffon（一七〇七～八八）　フランスの博物学者。『一般と個別の博物誌』の刊行で進化論の先駆者として知られる。

＊4　Thomas Jefferson（一七四三～一八二六）　第三代アメリカ合衆国大統領。「アメリカ独立宣言」の起草者のひとり。

＊5　ジェファソン『ヴァジニア覚え書』一〇三頁

＊6　Benjamin Franklin（一七〇六～九〇）　アメリカの政治家、気象学者。印刷工として出発、アメリカ初の公共図書館を設立後、政治家に。「アメリカ独立宣言」の起草者のひとり。

＊7　鶴見『北米体験再考』九七頁

＊8　Manifest Destiny　「文明は、古代ギリシア・ローマからイギリス、アメリカ大陸へと移り、さらに西のアジア大陸へと向かって地球を一周する」とするアメリカ的文明観。

＊9　Westward Movement　一七～一九世紀米国における西部の未開拓地への定住地の拡大、人口の移動。一八一二年戦争以降、先住民の排除、ゴールドラッシュ等によって急速に進んだ。

もっても五〇〇～一千万人の先住民が北米大陸に暮らしていたと推計されている。それが、「インディアン戦争」[*10]終結から一〇年を経た一九〇〇年の国勢調査では、二四万人弱にまで激減していた。度重なるジェノサイドと伝染病の蔓延による人口減少は凄惨を極めた。

ひとくちに先住民族といっても、使用されていた言語は部族ごとに異なる。ヨーロッパから入植者がやってくる以前には、北米には三〇〇もの言語が存在していた。先住民族は文字を持たなかったが、彼らの口承文化は、「国家」的な支配から逃れるために選びとられた戦略であったともいえよう。事実、一七世紀後半から一八世紀にかけて、五大湖周辺には入植者の支配から逃れた多様な先住民族が集い、文字の代わりに、サインランゲージがコミュニケーションの手段として用いられていたらしい。

そのように抵抗に抵抗を重ね、権力的な支配を免れた部族も、権謀術数の限りを尽くした暴力を前に、次々と滅亡していった。彼らの死は、彼らが使用していた固有言語の絶滅のみならず、その言語自体に潜在していた叡智の喪失をも意味する。生き残った先住民族も、一九世紀以降の同化政策によって、英語の使用を強制された。入植者によるジェノサイドは、先住民の身体のみならず、精神文化にもおよんだ。

先住民族がいまなお苦しむ諸悪の根源は、「セトラー・コロニアリズム（settler colonialism）」である。「入植植民地主義」と訳されるセトラー・コロニアリズムは、その名のとおり、植民地に入植者が定住する過程で、先住民から土地を奪い、彼らを体制の周縁へと排除することで成立する。先祖伝来の自然から切り離された彼らが追い込まれる居留地は、生活インフラも整っておらず、核開発や汚染物質の廃棄による環境破壊が深刻な土地である。国家が「発展」するための「犠牲区域（Sacrifice Zone）」として供出された居住指定区域は、アメリカ総面積のわずか二・四パーセント。しかしそこには、凝縮されたアメリカの撞着が吹き溜まっている。元々は残りの九七・六パーセントを含めた一〇〇パーセントが、彼らとは切っても切れない縁のある土地だった。「本来」のアメリカは、彼らでさえ駆け回り尽くせないほどの豊饒な自然を持ち、それらを介して、あらゆる動植物の「精霊（spirit）」とつながりうる大陸だった。「帝国」アメリカの軍事主義や資本主義になど包摂されえない、別の可能性に満ちた場所だったのだ。

沖縄についても同様のことが言えまいか。沖縄県は日本の総面積のたった〇・六パーセントにすぎない。にもかかわらず、米軍専用施設が占める面積は、日本全体の七割を超える。沖縄県民の負担面積は他の都道府県民ひとりあたりの約二〇〇倍である。しかも、米軍基地の集中化が進められたのは、太平洋戦争末期に字義通りの「犠牲区域」とされた沖縄が本土に復帰するまでの二七年のあいだであった。「本土の基地負担を軽減するために、日本国憲法が及ばな

＊10　American Indian Wars　一六二二〜一八九〇年にわたる白人入植者とインディアンの間の植民地化戦争。

い沖縄への基地集中が進められたのです」、玉城デニー沖縄県知事はそのように陳述する。[*11]

ネイチャーへの憧憬が呼び戻したリスペクト

先述したジェファソンは、先住民族に対するレイシズムを押し返した。だが、そんな彼でさえ、「インディアンの偉大なる記念物」の存在は知らないと述懐する。そして、「ただし、わが国全土にわたって数多く存在する土墳だけは別である」と。[*12] 先住民が死者を葬り、先祖とつながる場でもあった土墳は、古くは三千年以上前のものと推測され、今日も一〇万以上が遺る。

我々は自分たちの文化を、意識・無意識を問わず、自らの言語に組み込んでいる。同じように、土や草木を用いた暮らしや家屋にも、我々の文化は必然的に埋め込まれている。しかし、石や鉄を用いた生活や「大建築」で文化を遺した先住民族はまれだ。[*13] アメリカの先住民族も「古インディアン（Paleo-Indians）」と呼ばれた時代から、石でできた矢じりを狩猟に用いてはいた。それでも、「大建築」は遺さなかった。

だが、その事実を単なる技術文明の度合いとしてのみ捉えることに、はたしてなんの意義があるのだろうか。それは結局のところ、知性の用い方のバリエーションにすぎないのではないか。周辺環境としてのネイチャー（自然）を、自らの内なるネイチャー（本性）によって征服・支配し、搾取するのではなく、前者と後者との呼応に有機的な結びつきを見出し、むしろそれらの調和を目指す。そのような文化的志向が顕著な人々が石や鉄の「大建築」ではなく人間と自然とが文字通りに融合する場所としての土壙しか遺さないのは当然のことではあるまいか。

先住民族の権利回復が本格的に始まったのは二〇世紀も半ばを過ぎてからである。一九九〇年には「ネイティヴ・アメリカン墓地保護および返還に関する法（Native American Graves Protection and Repatriation Act, NAGPRA）」が制定され、研究機関等に所蔵されていた遺骨や埋葬品等の返還が義務付けられた。先住民族自身も、土地への「自決権」を主張し、環境正義を求める多くの人々と連帯しながら闘いを拡張していった。

そして、二〇二一年一〇月八日には、ジョー・バイデンがアメリカ大統領として初めて「先住民の日（Indigenous People' Day）」を認定。「先住民族コミュニティや部族国家に対して、我が国全土で何世紀にもわたって継続された暴力、強制移住、同化政策、恐怖政治を決して忘れてはならない」と語り、従来「コロンブス・デー（Columbus Day）」としてのみ制定されていた一〇月第二月曜日に、先住民族へ敬意を表し、祝典等を執り行うよう、アメリカ国民に求めた。[*14]

＊11　「辺野古代執行訴訟　沖縄県知事の意見陳述」
＊12　ジェファソン『ヴァジニア覚え書』一七九頁
＊13　ハリソン『亡びゆく言語を話す最後の人々』一七八頁
＊14　"A Proclamation on Indigenous Peoples' Day, 2021"

だが、社会制度が整ったとしても、それらを具現化していくのは我々である。そうでなければ、「万人の平等」をうたう合衆国憲法も、「人権、平和、民主主義、地方自治」を掲げる日本国憲法も、画餅にすぎなくなってしまう。周縁に追いやられた境遇や押しつけられた負担義務を、ほんの一パーセントずつでも「我がこと」として捉え直し、責任の転嫁を止めねばならない。そうしなければ、我々の内側に巣食った「帝国」は、いつか我々自身を植民化して食い尽くすにちがいない。

そのうえで、わたしは夢想するのだ。技術文明の粋を尽くした殺傷兵器が、先住民族の祈りとともに土に溶解し、そこから草木がにょきりにょきりと自在に伸び行くさまを。それらをむしゃりむしゃりと食む動物たちの糞尿にまみれた軍事施設が、ゆっくりと大地に還り、愚蒙な遺物が眠る土墳と化すことを。

最後に、精霊を介して世界が調和するさまを詠った、北米先住民族の「魔法のことば」を引用して、次の仲間にバトンを手わたすことにする。

魔法のことば
ずっと、ずっと大昔
人と動物がともにこの世に住んでいたとき
なりたいと思えば人が動物になれたし

動物が人にもなれた。
だから時には人だったり、時には動物だったり、互に区別はなかったのだ。
そしてみんながおなじことばをしゃべっていた。
その時ことばは、みな魔法のことばで、
人の頭は、不思議な力をもっていた。
ぐうぜん口をついて出たことばが
不思議な結果をおこすことがあった。
ことばは急に生命をもちだし
人が望んだことがほんとにおこった――
したいことを、ただ口に出して言えばよかった。
なぜそんなことができたのか
だれにも説明できなかった。
世界はただ、そういうふうになっていたのだ。

金関寿夫『魔法としての言葉――アメリカ・インディアンの口承詩』思潮社、一九八八年、五六頁

参考文献

Biden JR., Joseph R. “A Proclamation on Indigenous Peoples’ Day, 2021”, The White House, October 08, 2021
デヴィッド・グレーバー『民主主義の非西洋起源について――「あいだ」の空間の民主主義』片岡大右訳、以文社、二〇二〇年
T・ジェファソン『ヴァジニア覚え書』中屋健一訳、岩波書店、一九七二年
ジェームズ・C・スコット『ゾミア――脱国家の世界史』佐藤仁監訳、みすず書房、二〇一三年
K・デイヴィッド・ハリソン『亡びゆく言語を話す最後の人々』川島満重子訳、原書房、二〇一三年
阿部珠理編『アメリカ先住民を知るための62章』明石書店、二〇一六年
石山徳子『「犠牲区域」のアメリカ――核開発と先住民族』岩波書店、二〇二〇年
金関寿夫『魔法としての言葉――アメリカ・インディアンの口承詩』思潮社、一九八八年
玉城康裕「辺野古代執行訴訟　沖縄県知事の意見陳述（全文）」琉球新報デジタル、二〇二三年一〇月三一日
鶴見俊輔『北米体験再考』岩波書店、一九七一年
鶴見俊輔『教育再定義の試み』岩波書店、二〇一〇年

5

「アメリカ」をどこから見るべきか――青木真兵

二〇二三年一二月四日

アメリカの重層性

僕にとってこのリレーエッセイは、光嶋さんとは違う形だけれども自分のなかに潜む「アメリカ」を探求する旅となる。パンやコーンフレーク、ハンバーガーとともに育った僕は、これらを「アメリカのもの」だと強く意識していたわけではないし、面白い映画だと思って観ていた『ジュラシック・パーク』や『インディ・ジョーンズ』だって、「アメリカの映画」としてフランス映画やロシア映画と比較していたわけではなかった。

埼玉県さいたま市で育った僕の生活や社会にはアメリカ由来のものが溢れていたにもかかわらず、特にアメリカを意識することはなかった。しかし日常に存在する「外国」とはアメリカのことだったし、「外国語」といえばアメリカ人の話す「英語」を意味していた。日本に流入する外国文化は、フランスやロシア、中国や韓国、ブラジルやスーダンと比べ、アメリカのものが圧倒的に多かった。僕たちの国が戦争でアメリカに負け、その文化を受け入れざるを得なかったという背景もあるからなのだが、その話はまた別の稿で触れることもあるだろう。

ともあれ、そんな風に日常に伏流していたアメリカは、9・11やイラク戦争によって急に僕の目の前に姿を現したのだった。

光嶋さんと白岩さんのエッセイを読んで感じたのは、「アメリカの重層性」である。光嶋さんのライフヒストリーやパーソナリティに影響を与えたアメリカと、白岩さんが解説してくれた、先住民を複雑な形で内包するアメリカ、そして僕が歴史学を学ぶ上で登場したアメリカ。それらは同じものだし、同時に違うものでもある。そういう意味での重層性である。

しかも僕のなかでも、歴史研究を通じて眼差すアメリカと、ルチャ・リブロ活動という社会実験において参考とするアメリカは、大きく異なる。どれかが本物で、どれかが偽物だということはないのだろう。

僕には二人のエッセイから影響を受けつつ、自らにおける過去の考察と未来への眼差しの合流地点を、このリレーエッセイを通じて見つけたいという欲望がある。

西洋史の語りにおける「アメリカ」

しかし前回書いた、僕が西洋史を学ぶ中で感じた「アメリカの存在感のなさ」はどう説明できるのだろう。

その状態を僕は「アウトオブ眼中」と称したけれど、決して無理やり視界の外に追いやったわけではない。むしろ、いつまで経っても視界の中に入ってこなかったというほうが正しい。西洋史においてアメリカはヨーロッパ、特にイギリスからの移民が作った国、母国イギリスとの戦争に勝利して独立を勝ち取った国家としての文脈で登場してくる。

一七七六年、アメリカは独立を宣言する。その約一〇〇年前からイギリスではピューリタン革命に始まるイギリス革命が勃発、王を処刑したり追い出したり、国の主権を王から議会へ取り戻したりする運動が活発になっていった。歴史的に継続していた隣国フランスとの争いの舞台は、一七世紀にはインドやアメリカの植民地へと移っていた。

このころにはアメリカの経済はかなり発展しており、イギリス船の三分の二をニューイングランドの造船業が建造するまでになっていたという。奴隷貿易を含む大西洋上の三角貿易はアメリカの経済をかなり潤していたのである。

このような状況のアメリカに対して、イギリスはフランスとの戦争費用の莫大な赤字を解消しようと、課税を強化した。しかしアメリカからはイギリス本国の議会に代表者を送ることも許されてはいなかった。アメリカは激しく反発し、トマス・ペインの『コモン・センス』がベストセラーになったことにも後押しされ、独立へと大きく舵を切ることになった。

『コモン・センス』には以下のような記述がある。

「自由」のように神聖なものが高く評価されないとしたら、まことにおかしなことであろう。イギリスは専制をつらぬくために軍隊の力を借り、(課税に限らず)いかなる場合でも私たちを拘束する権利があると宣言した。このように拘束されていながら、それでも奴隷制ではないと言うのであれば、地球上には奴隷制に相当するものはないということになる。「いかなる場合でも拘束する」という表現は、神に対する不敬である。そう言っても過言ではない。そのような無制限の力を持つのは神だけだからである。

トマス・ペイン『コモン・センス』角田安正訳、光文社古典新訳文庫、一三四〜一三五頁

当時のアメリカにとって、そして現代を生きる僕たちにとっても、ここで現れる「自由」をいかに解釈するかは、大きな問題になってくる。

当時のアメリカ社会でこれほど重視された「自由」は、結果的に白人社会に限定されたものであった。独立戦争を通じて奴隷制度への反発もかなり高まったというが、制度廃止の是非が

国を二分するのはそれから約一〇〇年後の南北戦争時である。さて、結果的にアメリカはこのイギリスとの戦争に勝利し、独立を獲得する。とはいえ当時のアメリカは東部一三州。総人口は約三九三万人程度であったというから、現在の広大な領域を想像してはいけない。

西洋近代的価値観の成立を支えた「アメリカ」

その後、西洋史の語りは、アメリカの独立がフランス革命に与えた影響へと移っていく。アメリカの対イギリス戦争を支援したのは、イギリスの長年の宿敵、フランスであった。しかしこれにより財政難に陥ったフランス国王ルイ一六世は、特権身分への新たな課税を促し、絶対王政が揺らぎ始める。またフランス議会で採択された「人権宣言」の起草者には、アメリカ独立戦争に義勇兵として参加したラファイエットも含まれていた。

このように、アメリカ独立とフランス革命は、自由や人権といった西洋近代的価値観の成立の文脈で連続して語られるのである。

しかし問題は、イギリス、アメリカ、フランスの歴史を追いかけることで理解されていく西洋近代的価値観が白人やキリスト教徒を主な対象としたものであり、現実の歴史に影響を与えていたアメリカ先住民や黒人の存在は、想像力を働かせないと見えてこないということだ。アメリカという「自由の国」の成立には、確かにアメリカ先住民や黒人への弾圧、虐殺または協力や共存の歴史が含まれている。しかし目をこらさねば、そのような姿は見えてこない。

その大きな背景には、一九世紀以降のイギリス、フランス、ドイツを中心とする「西洋列強」の存在がある。そして一九世紀後半から二〇世紀前半を席巻した「帝国主義」も、その延長線上にある。イギリス、ドイツ、フランスを中心とする西洋列強はアジア、アメリカ、アフリカ大陸のほとんどを支配下に置いた。このときにもたらされたのが近代化だ。

西洋史からは見えてこない「アメリカ」がある

近代化は富国強兵、殖産興業と言われるように、工業化によって国を強くしていくことを目指した。このときに参考にされたのがイギリス、フランス、ドイツである。

これらの国々は近代科学技術を発展させると同時に、近代歴史学も誕生させた。近代歴史学は、文字や物質といった「目に見えるもの」を中心に構築された。

ヨーロッパの歴史の源流は古代メソポタミアやエジプトなどの都市文明であり、その文明を集約させたのが古代ローマ帝国であった。帝国の首都ローマにはキリスト教カトリック教会の総本山が置かれ、中世ヨーロッパ社会はローマ＝カトリック教会を抜きには語れなくなった。ルターがそのカトリック教会に対して宗教改革を訴えた結果、プロテスタントが生まれる。プロテスタントの一派がアメリカへ渡航したことで、西洋史では初めてアメリカの歴史が始まるのである。

アメリカ大陸に暮らした最初の人間は、もちろんイギリスからの移民ではない。しかしアメリカ先住民と呼ばれる人びとは、「歴史の父」古代ギリシア人のヘロドトスのように文字によって歴史を残さなかったし、古代ローマ帝国を担ったローマ市民のようにコンクリートで水道橋や円形闘技場などの巨大構築物をつくることはなかった。代わりに口頭伝承によって神話や歴史、物語を伝え、白岩さんの文章にもあったように土壙を遺した。かれらは確かに独自の社会を有していたのだ。

目に見えないものはどうしても、「見ようとしないと見えてこない」。しかし目に見えるものだけを「存在するもの」だと認めてしまうと、「目には見えないが確かに存在したはずのもの」が失われていってしまう。

歴史学によって見えるアメリカの存在感は、一九世紀後半の第二次産業革命を経て、超大国として登場する二〇世紀まで、はっきり言って極めて薄い。イギリスで生まれた社会契約的自由論がフランス革命へと結実するための「トスを上げた」くらいだ。

しかし文化人類学者のデヴィッド・グレーバーは、この視点がいかに偏ったものであるかを『民主主義の非西洋起源について』で指摘している。

歴史家たちは、ほとんど排他的に文献資料に依拠して仕事をし（中略）、新しい発想が生まれてくるのは文字の世界の伝統の内部からでしかない、とでもいうかのように振る舞うのが自分たちの職業的責任であると感じてしまいがちだ。

デヴィッド・グレーバー『民主主義の非西洋起源について』片岡大祐訳、以文社、二〇二〇年、九〇頁

文字に書かれたもの、物質として遺るもの――つまり、目に見えるもの、手に触れられるもの、数値化できるものだけを根拠に世界を構築する。それは征服者の論理であり、強者の論理である。

アメリカの歴史は、著す人によって大きく異なる。西洋中心主義的な歴史家か、それとも「自由」を自分たちの手に取り戻し、相互扶助的な社会の構築を目指した文化人類学者か。これだけ振り幅の大きな国は他にないのではないだろうか。これは、「アメリカ」を考える人にとって、大きな魅力の一つだと思う。

6

オフィスビルという欲望の建築の終焉 — 光嶋裕介

二〇二三年一二月一八日

人間の生活の器である建築は、常に私たちと親密な関係にあり、これまで社会が大きく変化するたびに新しい建築が生まれてきた。

白岩さんの言うように、アメリカ先住民族は「大建築」を遺さなかった。だが、世界が高度に近代化した二〇世紀は、人間が集まって生活することを選択して大きく成長した時代であり、その結果として世界中で都市化が進み、現代はまさに「大建築」の時代となった。

生活の大部分を働くことが占め、資本を生み出す労働の場の中心は工場からオフィスビルへと変わっていった。労働力は賃金となって分配され、モノやコトをお金で交換する経済活動が世界の隅々までびっしり覆い尽くしてしまっている。お金が循環する資本主義経済が社会の中心に君臨したのが、二〇世紀である。

イギリスで始まった産業革命によって「工場」というビルディングタイプが誕生したように、資本主義経済による近代化が生んだ都市において量産された「オフィスビル」は、アメリカ発といえる。

都市が成長するためには、なるべく大勢の人が一箇所に集まって活動する方が効率がよい。限られた土地に最大限の床面積を確保するためには、建築を垂直に伸ばすしか選択肢はなかった。空をこする（scrape）「スカイスクレーパー」による建築の高層化は、都市の論理と資本の原理が手を結んだことによる、まったくの必然だった。

抽象化を極めたミースの建築

アメリカで都市の高層化をリードしたのは、シカゴとニューヨークだろう。オフィスビルの最高峰とされる建築が、ニューヨーク・マンハッタンに建っている。一九二〇年代の大恐慌と戦争による長い停滞からの反動で建設ブームに沸いていた五〇年代初頭、一九五四年に竣工した《シーグラム》である。

設計したのは、ナチス政権下のドイツからアメリカに亡命した建築家ミース・ファン・デル・ローエ。[*1] ミースは、ドイツでモダニズムの礎を築いたバウハウスの第三代校長を務め、名実ともに近代建築の巨匠として世界的に知られる建築家であった。

多くを語らない寡黙でミステリアスな建築家ミースのメッセージは、いつも建築を通して発せられてきた。

自身の名言「Less is More（少ないほうが、豊かである）」が端的に表すように、彼のつくる建築は、なにもないことが雄弁に語っている。不在の豊かな可能性、徹底的に無駄を排した美学が、彼の建築に一本の筋を通している。そのような合理性や機能性が究極的に探求された結果が、ミースのつくった均質空間「ユニバーサル・スペース」である。

一九二九年にバルセロナ万国博覧会のドイツ館として建てられた《バルセロナ・パビリオン》は、アメリカ亡命前のミースの代表作である。建築を構成する三要素、床・壁・天井が、それぞれ自律的に存在するも、息苦しいまでに抽象化されている。

この「抽象化された空間」というのが、ミース建築の代名詞であり、それは、装飾をなくして均質化し、素材だけをそのまま全面に出すことで立ち上がってくる抽象性である。

どういうことか。ミースの建築は、徹底的に余計なものをなくして抽象的であるがゆえに、「完

＊1　Ludwig Mies van der Rohe（一八八六〜一九六九）　壁や柱で仕切らず空間を自由に使える「ユニバーサルスペース」の概念を構築し、ル・コルビュジエ、フランク・ロイド・ライトと並び「近代建築の三大巨匠」と評される。バルセロナチェアやMRチェアなどの家具デザインでも知られる。

璧さ」を備えた空間へと向かっていく。全体として完全な雰囲気を醸し出しているのである。この完璧さは、素材と素材の組み合わせなどの細部においても発揮される。

例えば、「目地」だ。目地とは、素材と素材がぶつかるときに発生する線、つなぎ目のこと。三メートルの壁を一メートルの大理石でつくろうとすると、三枚の大理石を留める必要があり、そこには二本の目地が生まれる。この二本の目地は、床と天井の仕上げにも影響してくる。

次に三メートルの天井を五〇センチのパネルで仕上げる場合には、六枚のパネルが必要になり、その間に五本の目地が発生する。対して、床を六〇センチの石で仕上げると、五枚のパネルによって四本の目地が生まれる。すると、天井の五本の目地のうち二本は、先の壁の目地とピタッと揃うが、床の四本の目地は壁と揃わない。目地が揃うか、ズレるかで、空間における緊張感がまったく違ってくる。

ミースの建築では、すべての目地が寸分違わずピシャッと揃い、柱や梁が空間に凛としたリズムを与え、完璧な秩序が生み出されている。もしや、窓枠などのマイナスネジの締め具合まで揃っていたら狂気だと思って覗いてみたら、さすがにそれはなかった。建物の造形としては特殊なことはしない。とにかくシンプルな幾何学を用いて、素材の構成を徹底する。そのことによって、空間の抽象度は上がっていく。

まさにミースの至言「God is in the details（神は細部に宿る）」そのものである。

《シーグラム》の完璧さ

さて、ミースの晩年の仕事である《シーグラム》にも、その完璧さは遺憾なく発揮されている。この建物が二〇世紀を代表するビルディングタイプ、オフィスビルの最高峰である所以は、高度に抽象化された建築空間となっていることに加えて、鉄とガラスという二〇世紀に大量生産された素材を駆使していることだ。

まず、この建築の形における抽象性について、考えたい。

ニューヨークの都市計画法では、一定の高さを超える建物が周辺に大きな影を落とさないように斜線制限が設けられているので、上層にいくほどガタガタと段差をつけざるを得ない。あの有名な《エンパイア・ステート・ビル》の、上にいくにつれて細くなっていくウェディング・ケーキのような階段状の塔は、キングコングが登るのには丁度いい。しかし、ミースはそれをしない。道路から建築をセットバック（下げる）することで周囲の日照を確保し、シュッとしてシンプルな幾何学の直方体の摩天楼を実現したのである。

建築史家の鈴木博之は、《シーグラム》について「均質であることは、じつは無限に伸びてゆく建築のイメージなのであり、それが戦後のスカイスクレイパーの表現であった。同時に、これは永久に成長をつづける世界の象徴でもあった[*2]」と指摘する。

シーグラムは、セットバックしたことと無駄を排した純粋幾何学で、無限に成長する美しいプロポーションを実現しただけでなく、噴水のあるプールを二つ持つプラザ（広場）をも獲得することになった。

道路ギリギリまで建てて道ゆく人々に圧迫感を与えるのではなく、猛スピードで忙しなく歩くニューヨーカーたちを引き込み、憩いの場を提供しながら、周りのビルとは異質な、黒いダイヤモンドのような輝きを放つ。こうした高層ビルの建ち方は理想的だとして、後に「公開空地」という法律が整備されたほどだ。

シーグラムの「完璧さ」は、ガラスと鉄の素材にも端的に表現されている。フランツ・シュルツの書いた『評伝ミース・ファン・デル・ローエ』に、次のような一節がある。

ミースはカーテンにピンク・グレイのガラスを使い、それを挟み込むサッシには建築用金属のうち一番貴族的なブロンズを用いている。

フランツ・シュルツ『評伝ミース・ファン・デル・ローエ』澤村明訳、鹿島出版会、二〇〇六年、三〇〇頁

高層ビルにおいて、建物自体の荷重を支える構造体とは別に、外壁にカーテンのように取り付ける壁のことを「カーテンウォール」という。この工法によって、上部の床や壁などの荷重がガラスにかかることなく、自らの荷重だけを支える薄いガラスを外壁として取り付けることができる。カーテンウォール工法に加えて、鉄の溶接技術やエレベーターなどの設備機器の開

発が、高層ビルの量産化を可能にした。

徹底して無駄を削ぎ落とすミースは、高層ビルでも鉄の構造体をそのまま露出したいと考えたが、建物の主たる構造体は、火災で溶けないように被覆する必要がある。そこで、カーテンウォールを支えるサッシにマリオンと呼ばれる線材を取り付けている。構造を露出できなくても、マリオン材をカーテンウォールの上から垂直に付けることで、天まで伸びる垂直性の意匠を強調し、線としての抽象性を際立たせることができるからだ。しかもサッシ材を、上品で劣化しづらいが高価なブロンズという素材で仕上げることに、ミースはこだわった。

彼の設計には、いつも一切の妥協がない。その潔さにこそ、世界に共感された禁欲的な「ユニバーサル・スペース」の本質がある。

マンハッタンでこそ実現した抽象性

抽象度の高い均質空間は、対極的に個別的な場所性からは切り離されていく。建築が抽象的になっていくと、その場所が持っている個別性と無関係になるということを意味する。モダニズムという建築スタイルが国境を越えて、「インターナショナル・スタイル」として世界に広

＊2　鈴木博之『都市のかなしみ　建築百年のかたち』中央公論新社、二〇〇三年、三二四頁

がったのは、この抽象的で装飾性を排除した、合理的で機能的な考え方が支持されたからだといえる。

しかし、シーグラムが極度に抽象化した建築であるのは、マンハッタンという都市のグリッドにも由来している。南北にアベニュー、東西にストリートが交差する碁盤の目でできたマンハッタンだからこそ、ミースの線的な均質空間は説得力を増す。それは都市のグリッドを立体化させる試みと解釈できるからだ。

ナチス政権によってバウハウスを閉校させられたミースは、アメリカ亡命後、どのような帰属意識を抱えて建築をつくったのだろうか。ゲルマンの森から自由な国へ来たミースは、文明人として何を感じていたのだろうか。ミースの集大成である《シーグラム》がマンハッタンに完成する三〇年以上前に、彼がベルリンの中心街に計画した摩天楼の提案がある。《フリードリッヒ街オフィスビル案》（一九二一年）。コンペに負けて、実現しなかった幻の建築ではあるが、一枚のドローイングが、その後の建築界に与えた影響は大きい。

ニューヨーク近代美術館でこのドローイングを観たときの衝撃は、今でも忘れられない。茶色いクラフトペーパーに木炭を擦り付けて見事にガラスが表現されていた。周辺の石の建築が真っ黒に塗りつぶされていることで透明なガラスの表現が引き立っていて、ミースの強烈な野心が感じられた。

このときミースは、三五歳。まだ洗練されたモダニストではなく、当時流行した表現主義の影響からか、その平面の形は歪な葉っぱのようだ。しかし、この提案にはすでに「ガラス」という透明な素材による高層建築への夢が息づいている。ミースは、後にそれを自由の国アメリカで実現してみせた。

ミースとジョンソンが築いた摩天楼の礎

建築家ミースがアメリカで成功できたのは、シーグラムの共同設計者でもある建築家フィリップ・ジョンソン[*3]による貢献が、小さくない。

ジョンソンは、一筋縄にはいかないソフィスティケートされた人物だった。マーク・ラムスターの書いた『評伝フィリップ・ジョンソン』には「20世紀建築の黒幕」という副題が付けられている。アメリカ社会の富裕層出身のエリートで同性愛者でもあった彼は「独創性なき天才」であると同時に「アメリカで最も憎まれ、最も愛された男」といわれた、とてもややこしく重層的な男である。ジョンソンのクライアントがドナルド・トランプだといえば、少しは伝わる

＊3　Philip Johnson（一九〇六〜二〇〇五）　ニューヨーク近代美術館のキュレーター時代の一九四七年には、「ミース・ファン・デル・ローエ」展を開催。アメリカで初めてミースを紹介した。代表作に《グラス・ハウス》《AT&Tビル》など。

だろうか。

ハーバード大学で哲学を学び、父から譲り受けた巨額の財産があり、コネでニューヨーク近代美術館のキュレーターにもなったジョンソンは、尊敬するミースの亡命を手助けし、彼のアメリカ生活を支援した。ジョンソンにとって、ミースは二〇歳年上の尊敬すべき建築家だったが、そりはどうも合わなかったらしい。

シーグラムの設計を共にした同僚は、次のようなコメントを残している。


あらゆる問題に対するミースのアプローチは、腰を落ち着けてから、考えて、考えて、考えるというものだったけれど、その間にジョンソンの方は次から次へと案を思いついていくタイプだった。それでミースは発狂してしまっていたね。

マーク・ラムスター『評伝フィリップ・ジョンソン　20世紀建築の黒幕』松井健太訳、横手義洋監修、左右社、二〇二〇年、三〇五頁

先に完成したものの、ジョンソンの自邸《グラス・ハウス（ガラスの家）》（一九四九年）は、明らかにミースのアメリカ時代の代表作《ファンズワース邸》（一九五〇年）のコピーである。

二人の建築家の決定的な差異は、この二つの建築を比較することではっきりと見えてくる。

どちらも鉄骨でできたガラス張りの透明な住宅で外の環境と視覚的に同化しているものの、

ジョンソンのそれは地面にドンと座っていて、ミースのそれは軽やかに浮いている。《グラス・ハウス》がレンガを敷き、鉄骨柱を室内に取り込んでいるのに対し、《ファンズワース邸》はレンガのような重い素材を使わず、構造材を外に出してしまっているのだ。これによって空間の抜け感、つまり抽象度がずいぶんと違ってくる。鉄骨についても、黒く着色したジョンソンと白くしたミースとでは、美意識が異なっている。

いずれにしても、このような二人が協働して完成した奇跡のようなシーグラムは、その後世界中でひたすらコピーされ、似たようなまがいものの高層ビルが林立することになった。合理的でコスパが良ければ、なんでもいい。こうしてシンプルで無個性な高層ビルばかりが都市に建てられ、成長することでしか持続できない資本主義による都市の風景、摩天楼が完成した。

建築を弔う、その先へ

二一世紀に入って最初の年に、マンハッタンで初めてスカイスクレーパーが崩壊した。9・11の同時多発テロである。日系人建築家ミノル・ヤマサキが設計し、竣工当初は「世界一の高さ」を誇った《ワールド・トレード・センター》（一九七二年）は、イスラム過激派による民間航空機をハイジャックして激突させるというテロによって崩壊した。それも、ツインタワーの両方にわずか一七分の間隔で旅客機が激突し、それが全世界に同時中継されたのである。高層ビルと航空機という二〇世紀を代表する二つの技術が、テロリズムによってぶつかり、理不尽な暴力によって豊かな資本主義の象徴があっけなくも衝撃的に崩れてしまったのである。

私は当時大学四回生で、二二時からの「ニュースステーション（現在の報道ステーション）」で、その様子をリアルタイムで見ていた。身体中の力が抜けて呆然とし、ただただ信じられなかった。映画かなにかではないか。現実は小説より奇なり。これを見てしまった後に、一体どのようなフィクションとしての物語が描けるというのか、すっかり打ちのめされた。

二一歳の私には、その後連日の報道で、爆心地を意味する「グラウンド・ゼロ」において、無惨に崩壊した現場が「瓦礫」という言葉で一掃されていく光景が耐えられなかった。

高校生になる直前に神奈川の叔父の家のテレビで阪神淡路大震災を見て、子どもながらに自然災害という観点から都市の脆弱性を感じてはいたが、まさか幼少期から家族で通っていたマンハッタンでいつも見ていたあのツインタワーがなくなったとは、とても想像できなかった。

建築を学ぶ学生として、卒業設計ではあの瓦礫報道への違和感と向き合うと決心し、「建築を弔うことは可能か」という問いを立ててみた。瓦礫を撤去するのではなく、そのまま負の歴史として覆い被せる「ワールド・トレード・センターの墓」を提案したのである。

あのときの私にとって「建築を弔う」とは、高層ビルに変わる新しい建築のあり方を模索することを意味していたように思う。

合理的かつ機能的で、抽象化された、均質空間を天へ伸ばす建築こそ、現代の情報化社会の映し鏡ではないか。だとしたら、私たちは今、どのような建築を創造することができるのか、真摯になって想像してみなければならないと思った。

二〇世紀を象徴するシーグラムが二一世紀の私たちに伝えるメッセージとは、なにか。シュルツが、ミースの評伝で取り上げた建築家のロバート・ヴェンチューリによる、過度に単純化する「正当なモダニズム」批判は、その問いへの鮮やかなヒントになるかもしれない。

都市の病根が何であれ、多様性の豊かさ、変化の活力、フォルムや装飾の多義性こそ建築芸術により深い意味を与えることができるのであり、モダニズムはそれを追放してきた（中略）「Less is a bore——より少ないと退屈だ——」と、ミースの教義をあざけってヴェンチューリは抗議している。

シュルツ『評伝ミース・ファン・デル・ローエ』三二三頁

ポストモダニズムの世界を切り開いたヴェンチューリの『建築の多様性と対立性』（伊藤公文訳、鹿島出版会、一九八二年、原書一九六六年）は、建築学生のバイブルとして今なお世界中で読まれている。経済大国アメリカ発の建築スタイルは、世界へ広く普及した。いま私たちは、都市と建築と摩天楼、オフィスビルとモダニズムの関係から、人間が都市をつくって集団で生きるとはどういうことなのか、分断や衝突ではなく、それぞれの差異を認めた寛容な社会の映し鏡としての新しい建築のあり方を学び直すべき分岐点にいる。

スカイスクレーパーができるはるか昔に先住民たちがしていたように、人間が人間以外の声に耳を澄ますこと、つまり精霊を介して世界を見ることから始めてはどうだろう。都市だって、地球上につくられるのだ。地球資源を際限なく搾取して、欲望のままにただ大きな建築をつくり続けていくと、それがいつしかバベルの塔になってしまわないだろうか。

アメリカの先住民である古代プエブロの人たちは、日干し煉瓦で頑丈な住居（プエブロ）をつくり、その傍らの地下に聖なる祈りの場、キヴァ（kiva）をつくった。キヴァには、先祖たちが冥界からこちらに現れるために通り抜けてきたとされる宗教的シンボルとしての小さな穴、「シパプ（sipapu）」がある。大きな建築をつくらず、常に母なる大地と交信し、異界との回路をたいせつに守ってきた先住民の姿勢こそ、欲望のままにスカイスクレーパーをつくる現代人が忘れてしまった、地球とのかかわり方ではないか。

人間は、相互に依存する自然との関係を、もっと謙虚に、もっと真摯に学び、これからの自然との新たな関係をつくり直さなければならない。

7

戦争と分断に抗って「線路」を延ばす――白岩英樹

二〇二四年一月一日

元旦に迎える三巡目。戦争と分断の時代にリレーエッセイを書きつなぐ意義をつらつら考えている。

その場にふたりしかおらず、相手の話に慎重に耳を傾けようとすると、どうしても顔を見つめあうことになる。すると、お互いの面持ちか、その背後に延びる線上の空間しか視界に入ってこない。次第に両者の距離は近づき、対話の密度が高まっていく。呼吸が浅くなり、言葉のラリーは緊張感を増す一方である。

そのように関係性が閉ざされていくなか、ラリーに必要な距離を保つには第三者の存在が欠かせない。たとえば、編集者は単純な「線」上での応酬を複雑な「面」へと展開させる。また読者やオーディエンスは第四者として「面」を虚空へ引き上げ、「立体」へと発展させるだろう。

能楽を大成した世阿弥は、芸の成功にはシテやワキの「誠の花」だけでなく、「真実の目利き」が欠かせないと説いた。[*1] ややもすると閉鎖性を帯びがちな二者関係においては、第三者や第四者が入り込む余白を残すことで、お互いをあらためて個として尊重し、対話の相手として保つことが可能となるのである。

それに比して、その場に三人がいると、ふたりの顔を見ることになる。ひとりの顔からもうひとりの顔へ視線を移動させるとき、視界は水平方向にスクロールする。結果として、ふたりの表情だけでなく、彼らのあいだの空間を何度も往復することになり、そこにただならぬ対象を見つけることだってあるかもしれない。

ひとりだけ別の方向を見ているわけにもいかないから、それが一体なんなのか確かめたい気持ちを懸命に抑え、話者の顔に視線を戻すものの、気になってしかたがない。ついに我慢ができず、その対象を凝視する。ほかのふたりも何事かと、そちらへ視線を移す。

すると、三点が囲む「面」で行われていた対話に、また別の「面」が加わる。視線が複雑に絡み合い、各人の視界は無限に交差しあう。誰も予想しえない「不可能図形」がいくつも描かれ、第四者や第五者が加勢するにつれ、「不可能立体」がにょきにょきと立ち上がる。

「弱さ、傷つきやすさ、死すべき運命」に己を晒す

そのような「立体」を、あらかじめ設定された目的や設計図だけで実現することは不可能であろう。「移民国家」としてのアメリカも同様である。

哲学者のアルフォンソ・リンギスは、「何も共有していない者たちの共同体（the community of those who have nothing in common）」には「予想もつかない出会い（the encounter）」が不可欠だと論じる。そして、その起点を「他者の要求と異議にたいしてみずからを曝すとき」に求める。[*2] 常に変化し続ける未知の他者と言葉を交わし、共に考え続ける。リンギスが考える共同体は、そのような〈エンド（終わり／目的）レス〉な営みによって支えられる。

その際、日々の営為の土台となるのは、他者の「弱さ、傷つきやすさ、死すべき運命（frailty, susceptibility, mortality）」である。それらに対して自らを曝すことでしか、「何も共有していない者たちの共同体」は実現しえない。[*3]「不可能図形」は立体化されず、「見えない」ものとして、いつしか記憶の彼方に雲散する。

リンギスがまなざす方向の対極にもまた、我々がよく知る別の共同体が存在する。青木さんの言葉を借りれば、「目に見えるもの、手に触れられるもの、数値化できるものだけを根拠」

＊1　世阿弥『風姿花伝』四六頁

＊2　リンギス『何も共有していない者たちの共同体』二七頁

＊3　リンギス『何も共有していない者たちの共同体』二九頁

とし、「征服者の論理」と「強者の論理」で構築された、合理的かつ近代的な共同体である。しかし、よくよく目を凝らしてみると、〈征服者／強者〉の論理は、〈被征服者／弱者〉を排除し、さまざまな保護の対象から除外するための方便にすぎないことがわかる。

本来ならば地続きでシームレスの〈こちら／あちら〉のあいだに人為的な境界を設け、〈こちら／征服者／強者〉の言動を正当化する。自分たち人間と彼ら「非・人間（non-human）」とはまったくの別物である。だから、自分たちの道徳や法律は、彼らには適用されない。そういうわけである。アフリカ系アメリカ人として初めてノーベル文学賞を受賞したトニ・モリスンは、それら一連のプロセスを「他者化（Othering）」と呼んだ。[*4]

むしろ、そのような「他者化」を行わなければ、〈征服者／強者〉は自分たちの蛮行に耐えられなかったにちがいない。他者を「非人間化（dehumanization）」することは、自己を「非人間化」することと同義である。第七代大統領アンドリュー・ジャクソンが行った先住民族のジェノサイドも、第三代大統領トマス・ジェファソンが子や孫たちへのプレゼントに黒人奴隷を贈ったという逸話も、その理路をたどらなければとうてい理解が追いつかない。

水平方向の意識から垂直方向の欲望へ

今日、「他者化」に端を発する戦争や分断はますます跋扈しつつある。だとすれば、我々はそれらを助長する〈征服者／強者〉の論理を押し返すと同時に、逆説的に〈被征服者／弱者〉の論理をつかみ直さねばならない。その試みの最たるもののひとつが、光嶋さんが卒業設計時に対峙した問題意識「建築を弔うことは可能か」であろう。

建築には必然的に垂直方向への欲望がともなう。光嶋さんがアメリカ発の「オフィスビル」の変遷をたどりながら説くように、その動向に「都市の論理、資本の論理」がいっそう拍車をかける。建築はより効率的に多くの人間を収容すべく、垂直方向へ伸びるばかりである。周辺環境を睥睨するかのようにそびえる「スカイスクレーパー」は、いまやシカゴやニューヨークのみならず、世界中の都市に乱立する。

しかし、それとは対照的に、水平方向への意識に依拠した建築も存在する。「都市の論理、資本の論理」とは相即不離の〈個別化／私有化〉に対して、公共性を担保するのは、むしろ水平方向への〈架橋性／持続性〉であろう。そうした理念に基づいて、かつて伊東豊雄は「エフェメラルな（はかない）建築」を唱え、藤本壮介は「弱い建築」を主唱した。彼らの思想を発展的に継承し、〈負ける建築／つなぐ建築〉を提唱した隈研吾に言わせれば、「down to earth（地面の視点で）」構想された建築である。[*5]

＊4　モリスン『「他者」の起源』三四頁
＊5　隈『くまの根』六七頁

建国当初のアメリカは支配階級となる王侯貴族が存在せず、水平方向への意識に準じた国家、のはずであった。だが、第四回でもふれたように、先住民族を激しく迫害し、彼らを排除することで領土を収奪すると、その土地でプランテーションを開発し、今度は黒人を奴隷として使役した。

セトラー・コロニアリズムの構造には垂直方向への欲望が渦巻き、その頂点に君臨するのはあくまで入植者たちであった。我々になじみ深い「移民国家」の衣をアメリカがまとうのは、南北戦争以後のことである。では、それ以前のアメリカをどう呼ぶべきか。それが「奴隷国家」「奴隷主国家」である。[*6]

垂直方向への繁栄を支えた「非人間化」

アフリカ大陸から運ばれた黒人奴隷は、奴隷船の内外で国家容認の搾取と抑圧、暴力に曝され続けた。母国では体制や社会からだけでなく、血縁や部族からも排除された「よそ者（strangers）」として売り飛ばされ、船内では〈モノ＝商品〉として扱われ、女性奴隷は船員から性的暴力を受けた。[*7]

ようやくアメリカへたどり着くと、「皮膚の色による境界線（the color-line）」によって〈あちら／被征服者／弱者〉の側に追いやられ、いくらでも置き換え可能な〈労働力＝資産〉として酷使された。[*8]「帝国」アメリカが彼らの「弱さ、傷つきやすさ、死すべき運命」に向き合うことは絶無だった。

一八五二年に出版されたハリエット・ビーチャー・ストウの小説『アンクル・トムの小屋』には、サイモン・レグリーなる南部の奴隷主が、黒人奴隷を家畜以下の〈労働力＝資産〉として虐使する場面が描かれている。

「…いまはお分かりのように、病気だろうが健康だろうが、奴らを休ませたりせずにずっと働かせていますよ。黒んぼが一人死んだら、別のを買うわけです。どうみても、そのほうが安上がりで簡単だということが分かったんでさ」

ハリエット・ビーチャー・ストウ『新装版　新訳　アンクル・トムの小屋』
小林憲二訳、明石書店、二〇一七年、三九九頁

レグリーのもとに売られた主人公の黒人奴隷トムは、彼から鞭打ちと殴打の暴行を受け、そ

＊6　貴堂嘉之「移民の世紀」一四三頁
＊7　ハートマン『母を失うこと』一〇頁
＊8　デュボイス『黒人のたましい』六一頁

れがもとで落命する。

同作は刊行初年だけで三〇万部を売り上げた。米英両国では翌年までに総計一〇〇万部が読者の手に渡り、余波の拡大を恐れた南部各州は発行を禁止した。「奴隷制がどのようなものであるか（what slavery is）」を表現すべく書かれた同作への反響は、それほど大きかった。

一八六〇年代に入ると、アメリカの黒人奴隷は四〇〇万人近くにまで増加し、その資産価値が国内すべての製造業と鉄道業の総計を上回る。垂直方向へ急激に伸びる「帝国」アメリカの成長は、〈征服者／強者〉の論理によって「非人間化」された黒人奴隷たちの苦役と、彼らの血がしみ込んだ大地の上に築かれていた。いわば、黒人奴隷から「盗まれた」繁栄だった。

弱者の論理が可能にした「再人間化」

そのような垂直方向への欲望に基づいて築かれた〈奴隷国家／奴隷主国家〉の成立と存続に徹底して抗い、水平方向への「down to earth（地面の視点で）」つくられた「見えない」建築。それが「地下鉄道（Underground Railroad）」である。

とはいっても、地下に掘られてもいなければ、線路さえない。「地下鉄道」は、南部の奴隷州から北部の自由州やカナダへと、黒人奴隷の逃亡を幇助する秘密結社であった。

当時の法律では、奴隷の逃亡は重罪。捕まると、二度と逃げられないように奴隷主にアキレス腱を切られたり、拷問によって虐殺されたりした。それに加え、一八五〇年に可決された逃亡奴隷法では、自由州へ逃げた奴隷の捕獲が義務づけられ、彼らの逃亡に手を貸す白人たちにも厳しい罰が課せられた。

しかし、逃亡を取り締まる法律がいくら強化されようと、地下鉄道の運行が止まることはなかった。彼らは黒人奴隷の「弱さ、傷つきやすさ、死すべき運命」に真正面から曝されることで、「非人間化」された自他を「再人間化（rehumanization）」しあっていたのだ。人間が人間としての尊厳を取り戻すために、地下鉄道はなにがあろうと走り続けねばならなかった。

なかでも、「黒いモーセ（Black Moses）」と恐れられたハリエット・タブマン[*9]は異色であった。彼女自身も地下鉄道の支援を受けた元逃亡奴隷でありながら、「車掌（conductor）」と呼ばれる先導役として三〇〇人にもおよぶ奴隷を自由へ導いた。のみならず、自ら「誘拐者（abductor）」の務めにも果敢に挑んだ。誘拐者の役割とは、自由州から奴隷州へ舞い戻り、奴隷主から奴隷を解放すること。いったん自由州への逃亡を果たした奴隷が、さらなる危険を冒してまで誘拐者の役割を担うのはきわめて稀であった。

タブマンをはじめとする支援者たちは、垂直方向に伸びゆく〈征服者／強者〉の論理に対し

＊9　Harriet Tubman Davis（一八二二～一九一三）　奴隷・女性解放家。アフリカ系アメリカ人として初めて二〇ドル札へのデザイン採用の手続きが進んでいる（二〇二一年）。

て、〈被征服者／弱者〉の倫理を水平方向へみるみる拡張していった。その結果、一八六一年の南北戦争開戦直前には、地下鉄道のネットワークはアメリカ全州を網羅するまでに広がる。とりわけ、「反奴隷制女性協会（Female Anti-Slavery Society）」が設立されていたマサチューセッツ州コンコードは地理的にも重要な拠点であった。R・W・エマソンやH・D・ソローも自宅を地下鉄道の〈駅（station）＝隠れ家〉として提供し、エマソンやブロンソン・オルコット（娘は『若草物語』の著者として知られるルイザ・メイ）はタブマンとも接触していた。

「合衆国」という幻想

BLM運動が高まりを見せていた二〇一六年出版のコルソン・ホワイトヘッドの小説『地下鉄道』には、逃亡する主人公コーラたちに向かって「駅員（agent）」が次のように告げる場面がある――「列車が走るあいだ外を見ておくがいい。アメリカの真の顔（true face）がわかるだろう」。

「アメリカの真の顔」とはいかなる面持ちか。それは「移民国家」という幻想の仮面をはぎ取った〈奴隷国家／奴隷主国家〉の表情にほかならない。

コーラがいくつもの州境を越えて辿り着いた自由州インディアナでは、逃亡奴隷を奴隷主に引き渡すか否かをめぐり、黒人同士でも意見が割れていた。そんななか、高等教育を受けた自由黒人のランダーは、アメリカ自体の欺瞞が問題の根底にあることを指摘する。

「アメリカこそが、もっともおおきな幻想である。(中略)この国は存在するべきではなかった。もしこの世に正義というものがひとかけらなりとあるならば。なぜならこの国の土台は殺人、強奪、残虐さでできているから。それでもなお、われらはここにいる(Yet here we are.)」

コルソン・ホワイトヘッド『地下鉄道』谷崎由依訳、ハヤカワepi文庫、二〇二〇年、四四〇頁

〈アメリカ合衆国=The United States of America〉において、〈統合された=united〉状態など初めから存在しなかった。それは壮大かつ尊大な幻想だった。連邦政府によって〈統合された=united〉のは〈州=states〉にすぎず、憲法前文にある〈衆=we the people〉は建国当初から〈人間/非・人間〉の二者に分断されていたのだ。

ランダーは〈衆=we the people〉をさらに分裂させることなどしたくない。そのようなことをしても、「殺人、強奪、残虐さ」が再生産されるのは目に見えている。彼は同志たちに訴える。

「ホワイトハウスを建てたのは、黒い労働者たちだ。われら(we)、という言葉。われらはただ一種類のひとびとではなく、何種類ものひとびとの集まりだ。たったひとりの人間

に、この偉大なる、美しい人種を代弁することなどできるだろうか。（中略）だが落ちてゆこうとする者を互いに引っ張り上げることはできる。そして辿り着くときは、皆、一緒だ」

前掲書、四四一頁

たとえ逃亡奴隷であろうと、「われら（we）」としてお互いを「再人間化」した仲間を引き渡すことなどできようか。「互いに引っ張り上げ」、「辿り着くときは、皆、一緒」であろうとしたのが、まさに人間の鎖としての地下鉄道であったのだから。先人たちが命がけで勝ち取った権利を決して手放してはならない、ランダーはそのように説く。が、白人たちの怒りを買い、彼らの謀略によって射殺される。

延ばせ、われらの時代の地下鉄道

我々の時代においてもなお、世情は悪化の一途をたどりつつある。

リアリズムに徹すれば、二〇二四年も戦争と分断の時代が続くことは否めない。それでも、我々はいま、ここにいる（Yet here we are!）。その「宿命（fate）」はなにがあろうと変えられない。だからこそ、我々はありったけの力を振り絞って、いま、ここから変えられる「運命（destiny）」に手を伸ばす。いかなる揶揄や嘲笑に曝されようと、自他のはざまで「見えない」存在に貶められている「ただならぬ対象」に目を凝らす。そして、「不可能図形」を描き続ける。そこから「不可能立体」が実現されることがあるとすれば、それは「殺人、強奪、残虐さ」に曝された人々に対して、我々が我々自身の「弱さ、傷つきやすさ、死すべき運命」を曝し返すときである。地下鉄道とは「われら（we）」を拡張すべく、「何も共有していない者たち」によって心の内に掘られた「共同体」であった。

逃亡奴隷法の制定に抗議し、真に重要なのは「ひとりという本当の少数派（a real minority of one）」だと宣言したエマソンにならえば、この世界に奴隷はたったひとりでも多すぎる。[*10] 我々は一人ひとりが置き換えのきかないマイノリティとして自他を「再人間化」しあわねばならない。

心の内側に坑道を掘り進めながら、皆で互いに架橋した「われら（we）」の軌道を水平方向へ延ばす。線路は「見えない」し、運行表さえ存在しない。しかし、だからこそ、我々は世界中のどこへでも地下鉄道を走らせることができるはずだ。我々は我々の時代の地下鉄道を走らせ続ける。

＊10　エマソン『エマソン論文集（下）』二五八頁

参考文献

『エマソン論文集（下）』酒本雅之訳、岩波文庫、一九七三年
キャサリン・クリントン『自由への道――逃亡奴隷ハリエット・タブマンの生涯』廣瀬典生訳、晃洋書房、二〇一九年
ハリエット・ビーチャー・ストウ『新装版　新訳　アンクル・トムの小屋』小林憲二訳、明石書店、二〇一七年
クリント・スミス『場所からたどるアメリカと奴隷制の歴史――米国史の真実をめぐるダークツーリズム』風早さとみ訳、原書房、二〇二二年
W・E・B・デュボイス『黒人のたましい』木島始、鮫島重俊、黄寅秀訳、岩波文庫、一九九二年
サイディヤ・ハートマン『母を失うこと――大西洋奴隷航路をたどる旅』榎本空訳、晶文社、二〇二三年
スヴェン・ベッカート『綿の帝国――グローバル資本主義はいかに生まれたのか』鬼澤忍、佐藤絵里訳、紀伊國屋書店、二〇二二年
コルソン・ホワイトヘッド『地下鉄道』谷崎由衣訳、ハヤカワepi文庫、二〇二〇年
トニ・モリスン『「他者」の起源――ノーベル賞作家のハーバード連続講演録』荒このみ訳、集英社新書、二〇一九年
アルフォンソ・リンギス『何も共有していない者たちの共同体』野谷啓二訳、洛北出版、二〇〇六年
貴堂嘉之「移民の世紀」『岩波講座　世界歴史16　国民国家と帝国19世紀』木畑洋一・安村直己責任編集、岩波書店、二〇二三年
中澤達哉「1848年革命論」『岩波講座　世界歴史16　国民国家と帝国19世紀』木畑洋一・安村直己責任編集、岩波書店、二〇二三年

日経アーキテクチュア編『NA建築家シリーズ02　隈研吾』日経BP社、二〇一〇年
隈研吾『くまの根　隈研吾・東大最終講義　10の対話』東京大学出版会、二〇二一年
隈研吾『負ける建築』岩波書店、二〇一九年
隈研吾『対談集　つなぐ建築』岩波書店、二〇一二年
篠森ゆりこ『ハリエット・タブマン——彼女の言葉でたどる生涯』法政大学出版局、二〇二〇年
世阿弥『風姿花伝』岩波文庫、一九五八年
中村隆之『野蛮の言説——差別と排除の精神史』春陽堂ライブラリー、二〇二〇年

8

アメリカの「自由と民主主義」が抱えるもの ── 青木真兵

二〇二四年一月一五日

何度も繰り返すが、このリレーエッセイにおいて僕は自分の中にある「アメリカ」を見つめて言葉にし、現代社会とどうにか折り合いをつけられるようになりたいと考えている。なぜなら、自分の中にある「アメリカ」と現実のアメリカとのあまりにも矛盾した状態に、正直なところ大きく失望しているからだ。それは一言でいうと、「自由と民主主義」の問題である。

「自由と民主主義」のアメリカはどこへ行ったのか

僕が幼少・青年期を送った一九八〇、九〇年代にアメリカの存在感の大きさを疑う者はいなかっただろう。ベルリンの壁が崩壊し、ソビエト連邦が瓦解して始まったともいえる九〇年代は、実質的にアメリカ一人勝ちの時代であった。アメリカ式ビジネスやファストフードが世界中に浸透していく過程がグローバリズムと呼ばれるようになると、新しい製品がどんどん売り出され、好きに買い換える消費行動を通じてものを長く使うという文化は廃れ、「自由と民主主義」が世界中にバラ撒かれていった。

かく言う僕も、小泉純一郎元首相の言っていた「構造改革」を無批判に良いものだと信じていたし、対抗勢力なんてぶっ潰すべきだと思っていた。新自由主義と呼ばれたこのときの政策は、「売れる／売れない」の市場原理主義によって駆動していた。すべての価値を消費行動で測り、商品価値に置き換えていく。それが「自由と民主主義」だと誤解されていたのだ。

しかし現在、かつての「自由と民主主義」の輸出元であったアメリカの振る舞いに、いよいよ翳《かげ》りが見えている。そうとしか言いようのない事態を僕たちは目にしている。

第二次世界大戦後、アメリカは他国の独裁政権を倒す手助けをすることで「世界の警察官」と呼ばれていたが、二〇一七年に始まったドナルド・トランプ政権では「アメリカ・ファースト」が掲げられ、他国のことなどどうでも良いという姿勢が鮮明になった。僕はトランプ政権がアメリカの鬼子であり「異常事態」なのだと思っていたが、トランプの次に政権を握ったジョー・バイデンは、ウクライナに対するロシアの侵略には反対したにもかかわらず、イスラエルのパレスチナ・ガザ地区での虐殺を見て見ぬふりをしている。アメリカはこの三〇年間のうちに、今まで世界中に振り撒いてきた「自由と民主主義」の価値観を捨て去ったのだろうか。

それとも、そんなものは最初から存在しなかったのだろうか。

しかしフレデリック・ワイズマン監督のドキュメンタリー映画『ボストン市庁舎』を観ると、「自由と民主主義」の国としてのアメリカはまだ健在なのだと勇気をもらうことができる。『ボストン市庁舎』ではアイルランド系移民をルーツに持つ労働者階級出身のマーティン・ウォルシュ市長を中心に、ボストン市の行政の姿が描かれている。

ウォルシュの市長就任は二〇一四年一月だが、撮影時期は一八年秋と一九年の冬だという。前述のとおり、二〇一七年一月にトランプ大統領が誕生している。つまりこの映画の撮影は、新大統領の下で分断がアメリカを覆っていた時期に行われたといえる。ウォルシュ市長はこのようなタイミングで、「ここではアメリカ合衆国の問題を解決できません。しかし、一つの都市が変われば、その衝撃が国を変えてゆくのです」と、分断を乗り越えるべく自らの言葉を発する。僕はこの言葉に呼応する職員の姿に、「これぞアメリカ」と、本来あるべき「自由と民主主義」の姿を見た思いがしたのであった。この「本来あるべき姿（と僕たちが思っている）」のアメリカは、いつ始まったのだろうか。

奴隷解放と移民国家は表裏一体

「自由の国」アメリカを決定づけた大きなメルクマールは、二点ある。それが独立宣言と奴隷解放宣言である。

独立戦争において独立派を勢いづかせたのはトマス・ペインによる冊子『コモンセンス』であったことは前にも述べたが、その後、一七七六年に発布された独立宣言では、すべての人間が生まれながらにして平等であり、生命、自由および幸福の追求が基本的人権として与えられていると記されている。

しかしこの時点では奴隷制度は温存されていて、ネイティブ・アメリカンや黒人の人権は認められていなかった。それから約一〇〇年後、奴隷制度を巡りアメリカが南北に分かれ、史上最大の内戦が勃発した。

一八六三年の奴隷解放宣言発布が一つのきっかけとなり、南北戦争は六五年、北軍の勝利で幕を閉じる。最終的になされたのが、激戦地ゲティスバーグでのエイブラハム・リンカーンによる戦没者慰霊の演説であった。

ここであの有名な文言「人民の人民による人民のための政治」の必要性が力強く言及される。リンカーンは内戦終結後、再び南北が分断することのないよう普遍的な理念「自由」によって国を統合し直そうと謳ったのである。

しかし、このとき奴隷たちが得た「自由」、そして勝者が得た「自由」とは、実際にはなんだったのだろうか。

ドイツ出身のカール・マルクスは当時、ニューヨーク最大の新聞「ニューヨーク・トリビューン」のロンドン特派員で、ヨーロッパの現状をアメリカに伝える役にあったという。しかもマルクスは奴隷解放宣言布告後のリンカーンに手紙を出し、彼の再選を祝っている。マルクスはヨーロッパにおける労働者の問題とアメリカにおける奴隷の問題をパラレルに考えていたのである。さすがマルクスの慧眼というべきであろう。

しかしそのリンカーンをはじめとする共和党支持者は、決して人道的見地だけから奴隷制度に反対したわけではなかった。アメリカ史研究者の貴堂嘉之は以下のようにまとめている。

共和党のリンカン大統領は、積極的な移民奨励策を打ち出した最初の政権である。六四年の共和党綱領では、「あらゆる国の抑圧されし者の避難所」という移民国家アメリカの常套句を登場させている。(中略)

こうして共和党は、移民奨励策をとり、反奴隷制の主張を「自由な労働」と「自由な土地」という自由労働イデオロギーとして提示することで、西部の農民や東部のアメリカ生まれの白人労働者を惹きつけ、支持層拡大に成功したのだ。(中略)

自由労働と奴隷労働を差別化する観念は、南北戦争までには北部の「自由」を定義する中心的要素になっていた。奴隷労働は屈辱であり、働くことに尊厳がない。だが、西部開拓の一九世紀にあって、「自由な労働」は、「自由な土地」と必然的に結びつき、アメリカ生まれであるか移民の新参者であるかを問わず、両者の共通の信念となっていく。

共和党支持者が奴隷制に反対したのは、必ずしも人道的見地からだけでなく、奴隷の不自由労働が自分たちの自由労働を脅かすと見なしたからでもあった。

貴堂嘉之『南北戦争の時代』岩波新書〈シリーズ アメリカ合衆国史〉②、二〇一九年、六八〜六九頁

そして貴堂は、南北戦争直前の時期のアメリカを「奴隷労働に依存した奴隷国家から、自由労働者からなる移民国家に向けての移行期」であったとも述べている。第七回で白岩さんが書いたとおり、解放後の黒人奴隷は権利の面では再人間化され、以前と比べると間違いなく「自由」を得ることができた。しかし労働力という側面からみるとどうだろうか。

権利と労働。理念と現実とも言い換えることができるかもしれない。南北戦争の前後を境にアメリカにおける労働の担い手は、奴隷から自由労働者である移民に移っていく。そして前述の通り、本来この「自由」とは「働くことに尊厳のある状態」であり、言い換えれば「労働に対してちゃんと対価がもらえる状態」であったはずである。しかし実際は移民が最初から尊厳のある仕事に就けたわけではなく、「安く使われる労働力」であった。

「自由」が「差別」を強化した？

奴隷国家の状態が終わったことだけに着目してしまうと、そこからアメリカは多くの移民を

受け入れて多様な文化を受容する「自由」の国になったという文脈で語られてしまう恐れがある。しかし実際は「移民がたくさん来るから、奴隷はもう必要ない」状態だったのである。アメリカが移民国家となったのは、一八四五年のアイルランドにおけるジャガイモ飢饉、一八四八年ヨーロッパ各地での革命「諸国民の春」の影響で、アイルランドやドイツから人びとが押し寄せたことがきっかけである。

現にニューヨークやボストンの都市部に住んだアイルランド系移民は自由黒人と競合関係にあったが、「白人性」を利用することで社会的上昇を果たしたという。自由労働イデオロギーがより差別を強化したのだ。さらに当時、人種問題の解決方法をリンカーンがどのように考えていたのかを知ると、また違った景色が見えてくる。

リンカンはこの論争[*1]以前の一八五二年頃から、人種間の分離が人種問題を防ぐ唯一の手段であり、そのためには黒人をアフリカに植民させるしかないという持論を展開していた。実際、リンカンが大統領任期中の一八六二年四月、連邦議会は黒人植民のための資金として六〇万ドルの予算を組み、首都ワシントンの解放奴隷をハイチやリベリアに植民させる計画をたてた。

この黒人植民論が、北部や西部で圧倒的な支持を得ていたことは重要である。当時、白人と黒人との異人種混交は禁忌とされており、安易に「共存」「共生」を口にすることはできなかった。それよりは、海外植民によって国内人種問題を解決することが最善と見なされたのだ。

前掲書、七四〜七五頁

そもそもアメリカでは独立以前から存在した法的地位である自由黒人たちを、「祖国」アフリカに送り返す事業を開始し、送還先として西アフリカ沿岸にリベリアという植民地を建設していた。このように黒人をアメリカから排除することも、自由労働イデオロギーが浸透する背景に存在したことを忘れてはならない。

対話で「自由と民主主義」を取り戻せ

現在世界中で排他的な言説が支持され、そのような主張を行う政治家や政党が勢力を拡大している。支持を集めるために排他的な行動をとり、小学校や病院、幼稚園にまで爆撃を行うイスラエルのような国が国際社会から追放されていない現状もある。それは端的にアメリカがイスラエルを支持しているからである。

＊1　民主党フレデリック・ダグラスとの七回にわたる論争

このような状況も「自由と民主主義」の末路なのだろうか。いや、そうであってはならない。本来の「自由と民主主義」はこのような蛮行を許してはならないはずだ。

映画『ボストン市庁舎』にはさまざまな対話の場面が登場する。駐車違反を犯したドライバーにその理由を尋ね、理由によっては罰則が変化したり、マリファナの販売店の開店に際した説明会で店側と住民側が議論したり……。老若男女、多様な人種の人びとが言葉を交わし、ときにぶつかり、自分の意見を主張し合うことで社会を作り上げていく様子が描かれるのだ。

本稿で見たように、「自由」には正と負の両面が存在する。奴隷制の廃止は自由労働をもたらすと同時に排他的な差別を強化した。しかし理念は必ず現実とセットである。負の側面があるからといって、理念を捨ててはならない。負の側面があるからこそ、その影響を最小限に抑えるために「終わらない対話」が必要なのだ。

一度の対話で一気に大きなものを変えようとするのではない。ウォルシュ市長がまずはボストンを変えることでアメリカ全体に衝撃を与えようとしたように、僕たちは自らの足元から社会を変えていく必要がある。そのためには対話のチャンネルを切らないことが不可欠である。

9

フラーから考える建築家の倫理 — 光嶋裕介

二〇二四年一月二九日

「建築家は家屋の海原の中にたとえば聖堂をつくる。ヨコのひろがりの内に、タテの力が働く場をつくり出そうとする」[*1]とは、建築史家の青井哲人の言葉である。

青井はまた、「新しい制作のきっかけは、いつも所与の豊穣な世界にある。素材もそこから集められ、集まったものが交雑する。ところがそこに世界からの超越が兆す。接続しない自律はありえない。ヨコのないタテはありない」[*2]とも述べている。

ヨコに広がるのは、白岩さんが第七回で書いた黒人奴隷の逃亡のためにつくられた「地下鉄

＊1　青井哲人『ヨコとタテの建築論——モダン・ヒューマンとしての私たちと建築をめぐる10講』慶應大学出版会、二〇二三年、一二八頁

＊2　『ヨコとタテの建築論』三四頁

道」のように、得てして「見えない」ものである。強度ある思想こそ、ヨコに展開する不可視なものとして最たるものだ。

ヒトラーが新進気鋭の造形学校である「バウハウス」を閉鎖に追い込み、教育を妨害したのも、ナチスの思想と相容れないものをヨコに展開されては困るからだった。

そのバウハウスを創立し、近代的な建築である《デッサウの校舎》の設計も手がけた建築家のヴァルター・グロピウスは、バウハウス閉鎖後アメリカに渡り、ハーバード大学に招かれて教鞭をとった。バウハウス最後の校長を務めたミース・ファン・デル・ローエも、ドイツを追われてマサチューセッツ工科大学に迎えられている。ナチスから逃れたこの二人がアメリカの建築教育に対して果たした貢献はとてつもなく大きい。

アメリカが打ち出した科学技術に基づく建築の国際様式としての「モダニズム」

「モダニズム」がヨーロッパ発の新しい思想としてアメリカにおいて一気に覚醒するきっかけのひとつは一九三二年、ニューヨーク近代美術館（MoMA）で開催された〈近代建築：国際展（Modern Architecture : International Exhibition)〉だったといえる。

この伝説的な展覧会を建築史家のヘンリー＝ラッセル・ヒッチコックと共に企画したのは、第六回でも紹介したフィリップ・ジョンソンである。フランスのル・コルビュジエはもちろんのこと、ドイツのミースやグロピウスら、ヨーロッパで活躍するモダニズムの先駆者たちによる建築が広く紹介された。ジョンソンたちが旗振り役となり、白くて幾何学的な美しいモダニズム建築こそがこれからの建築様式であると発信したことは、ここアメリカが自由の国であることを世界に強く印象づけた。

この展覧会成功の要因は、「モダニズム」を建築様式の確固たるスタイルとしてというよりも、概念、もしくは時代精神らしきものとして多面的に打ち出したことにある。その結果、「モダニズム」は解釈の可能性を広く保ったまま、当時の社会と共鳴していった。

この時期ヨーロッパに比べて圧倒的に歴史の浅いアメリカは、経済大国へと台頭しつつも、文化的コンプレックスを抱えていた。世界にアピールする建築文化を発信することで、そうしたコンプレックスを払拭したかったのだろう。

重要だったのは、歴史的様式がもつ装飾性を排除することではなく、むしろ白くて新しいものとしてのモダニズムを「技術（technology）」に基づくものと位置づけた点にある。先進的なヨーロッパの建築家たちの力を借りながらも、アメリカ人による自前の建築思想を展開するためには、「技術」という普遍的な拠り所が必要だったのだ。

こうして「科学に裏打ちされた技術」という普遍性を中心に据えた「インターナショナル・スタイル（国際様式）」は、国境を超えてヨコに発展していくことになった。

バックミンスター・フラーの思想

そんなモダニズム思想の主戦場は、いつも都市であった。モダニズムの発展可能性は、建設技術によってこそ支えられていたし、発展と進化を続けるものとしてのテクノロジーに、モダニズムは希望の光を見ていたのである。

一九二〇年代の繁栄が、資本主義という欲望の現れとして摩天楼の風景を創造したことは、すでに述べた通りである。装飾のないシンプルなガラスの表層の裏には、建設技術への決定的な信頼があった。

このアメリカのモダニズムの思想における中心人物のひとりが、「バッキー」の愛称で親しまれた数学者・思想家・建築家のリチャード・バックミンスター・フラーである。[*3] 彼は、圧倒的な視野の広さをもって世界を包括的に捉えた天才であるが、ここでは「天才」とラベリングして思考停止状態に陥ってしまわないように、注意深くフラーに寄り添って考えてみたい。

フラーは一九二九年、安価で環境効率のいい工場量産化住宅《ダイマキシオン・ハウス》をデザインして、アメリカ建築界に登場した。「ダイマキシオン」とは、「ダイナミック（動的）」と「マキシマム（最大）」、「テンション（張力）」という三つの言葉を合体させたフラーの造語である。

フォード社が工場で高度に品質管理されたベルトコンベアによってT型フォード車を大量生

産したように、住宅においても現場で職人がつくるのではなく、工場で組み立て（プレファブリケーション）、現地まで運ぶというアイディアを考案し、アメリカの住宅難に一石を投じたのである。ほかにも、持ち運べるバスユニットや、軽いアルミなどでつくった《ダイマキシオン・カー》まで考えたが、住宅の工場量産化が定着することは残念ながらなかった。

フラーは「より少ないものでより多くのことをなす」ための技術として、数学・物理・哲学を自由に横断・駆使し、建築としぶとく結びつけて考え続けた結果、人間が安全に住まうための「シェルター」という考え方を《ジオデシック・ドーム》に結実させていく。

フラーは主著『宇宙船地球号 操縦マニュアル』（原書は一九六八年）を通して、地球を「宇宙船地球号」と呼び、地球が閉じたエコ・システムを成立させながら宇宙空間を飛び続けられている核心に迫ろうとしたのである。

宇宙船地球号に関してはとりわけ重要なことがある。それは取扱説明書がついていないと

＊3　Richard Buckminster Fuller（一八九五〜一九八三）　数学者・詩人・デザイナー・建築家・思想家。近代ドーム建築のパイオニアとして知られる一方、プレハブ住宅やユニットバスなど、最小限のエネルギーと素材によって最大の効果を得る、地球全体の環境と人類のゆくえを視野に入れた先進的なアイデアを世に問い続けた。

いうことだ。（中略）私たちは自分たちの最高の能力、つまり知性を使わざるをえなくなった。

フラー『宇宙船地球号 操縦マニュアル』芹沢高志訳、ちくま学芸文庫、二〇〇〇年、五一頁

この美しい地球を持続可能なものとして私たちがコミットするには、最小限のエネルギーで効率を最大限まで上げる必要があり、そのためには、自然との関係性を探究する知性が人間に備わっていることが不可欠だというのである。

その思想の実践として完成したのが、一九六七年モントリオール万国博覧会のアメリカ館のドームである。ドームこそ建築の合理的な形態と考えたフラーは、トラス構造を用い、最小限の部材でドームを実現することに成功した。

理念上、最小限の表面積で、最大限のヴォリュームを確保する幾何学はドームであり、その形が極めて合理的であることはわかる。しかし、四角い家具が配置できないなど、実際に使いこなすには、やや難点が多いのも確かである。

その一方で、先日アメリカ・ラスベガスに巨大な球体に映像をマッピングすることができる大型アリーナ施設《Sphere》が完成して話題を呼んでいるのを見ると、やはりフラーの夢には未だに多くの人を魅了する力があるのだと感じずにはいられない。

さて、MoMAでの〈近代建築：国際展〉によって「インターナショナル・スタイル」としてのモダニズムがますます世界へと浸透していった一九三〇年代、若きフラーは初期活動の一

端として、「ＳＳＡ（Structural Study Association）」という建築家グループを結成している。

印牧岳彦の『ＳＳＡ：緊急事態下の建築ユートピア』（鹿島出版会、二〇二三年）によると、「産業化の進展にともなう空間的・時間的自由の拡大というこの傾向は、建築、都市のスケールを超え、理想社会（＝ユートピア）を目標とした絶え間ない発展として捉えられることになる」[*4]という認識から、フラーは建築が「環境制御」になりうると考えていたようだ。資本主義社会で欲望のままに生きていては、地球という宇宙船は持続しないと直観していたフラーは、自然のなかにあるサスティナブルな原理を解明し、自らの環境をつくろうとしたといえそうだ。いわゆる「インターナショナル・スタイル」とは異なるモダニズムのあり方として、ＳＳＡは次のような「環境制御」という考え方を唱えていた。

「人間活動」と「物質」の双方にわたる力の相互作用を制御し、それを「生産的な使用へと向けた流れのパターン」へと組織化することを意味し、その目的は、それ自体ひとつの「環境的な力」である「人体」に「生命力の増大」、あるいは「新陳代謝における浪費の除去」をもたらすことにあった。

『ＳＳＡ：緊急事態下の建築ユートピア』三三一頁

＊4　『ＳＳＡ：緊急事態下の建築ユートピア』一九七頁

フラーが建築家の枠に留まらないのは、彼が世界のあり方をどこまでも真摯に広く考え続けた人物であるからだ。「宇宙船地球号」は有限であり、資本主義のもとで無尽蔵に資源を搾取していては、沈没してしまう。この自然に対する畏怖に基づき自身の哲学を探究し続けたがゆえに、バッキーの思想はヨコに広く展開する力をもったといえる。

フラーの思想は、展開可能性に満ちている。ヘリコプターで持ち運べるほど軽量化したドームやシェルターが、戦上において重宝され、軍事産業に加担してしまったことは、皮肉なことであるが。

引き継がれるフラーの思想

一九六八年、『ホール・アース・カタログ（Whole Earth Catalog）』を創刊したスチュアート・ブランドもまた、フラーの思想をヨコに展開したひとりである。

地球の外側からの視点をもてば、自分たちの住む地球のことがよくわかる。宇宙から見た地球の写真をNASAから手に入れて、創刊号の表紙にしたのは、そうした強いメッセージを示したかったからである。

また「カタログ」と表することで、地球は自らの手を動かしさえすれば、自分たちで「つくる」ことが可能であるという直接関与できることを示唆したのである。
ブランドは、この雑誌の廃刊後に著した『地球の論点』（原題「Whole Earth Discipline」二〇〇九年）のなかで以下のように回想し、環境問題をはじめ、都市化や原子力から遺伝子についてまで、科学的な議論を多角的に展開している。

私は四〇年前に雑誌『ホール・アース・カタログ』を立ち上げたが、その巻頭にこう書いた。「私たちは神のごとく、ものごとをうまく処理することが望まれる」——ずいぶんと、のどかな時代だった。新たな状況には、新たなモットーが必要だ——「私たちは神のように振る舞わなければならず、しかも巧みにやり遂げなければならない」。『ホール・アース・カタログ』は、各人の力を呼び覚ました。本書は、もっと前向きの力を結集することを狙っている。

スチュアート・ブランド『地球の論点——現実的な環境主義者のマニフェスト』仙名紀訳、英治出版株式会社、二〇一一年、三三頁

自らを編集者ではなく「環境運動家」であると宣言し、テクノロジーをベースに地球のことを考え続けたブランドは、次のような結論で本を締めくくっている。

エコロジーのバランスはきわめて大切だ。センチメンタルな感情で語るべきものではなく、科学の力を借りなければならない。自然というインフラの状況は、これまで成り行きに任されっぱなしだった。これからは、エンジニアの力を借りて、修復していかなければならない。

「自然」と「人間」は不可分だ。私たちは互いに、手を携えていかなければならない。

前傾書、四三五頁

単なる雑誌という枠を超えて一大ムーブメントとなった『ホール・アース・カタログ』が、六〇年代後半のヒッピー文化と共鳴したことも、忘れてはならない。のちにApple社を設立したスティーブ・ジョブスやMicrosoft社をつくったビル・ゲイツらにも多大な影響を与えている。ジョブスが五〇歳のとき（二〇〇五年）にスタンフォード大学の卒業式辞で語ったあの有名なフレーズ「Stay hungry, Stay foolish（ハングリーであれ、愚かであれ）」も、元を辿れば、ブランドが『ホール・アース・カタログ』の最終号の巻末に掲載したバッキーの言葉である。

飽くなき探究を続けたフラーの思想は、モダニズムと並走しながらヨコにも、タテにも多方面へと展開されたのだった。

建築家の倫理をどこに置くのか

ここで、改めて「バックミンスター・フラー」について考えてみたいのは、彼は建築家として一体誰のために建築をつくっていたのか、ということである。何が彼を突き動かして、あれほどの強度をもつ思想ができあがったのだろうか。

唐突に聞こえるかもしれないが、これは建築家の倫理について考えることと等しい。いささかナイーヴなことを言わせてもらうと、世界を見渡せば人間はいまだに争い、深い分断のなかで戦争を続けている。白岩さんの言う「非人間化」を止めることができずにいる。戦争は人間の命はもちろん、地球をも破壊する。環境の持続可能性を大いに損なう行為であることは、言うまでもない。

宗教や価値観の対立から圧倒的な暴力によるテロや戦争を繰り返す主体である国家とは何か。そもそも人間が生きるとは何か。そうした根元から考えていくと、フラーは地球の大地の上で誰もが幸せに生きるためのものとして、建築を思考していたのではないか。「宇宙船地球号」を適切に操縦するためには、自然から謙虚に学び続け、そこにある法則を自ら実践する必要がある。自分さえ良ければいいという利己的なものを満たすというのではなく、未来の子どもたちのために美しい地球を持続させること、地球をより良い場所にしようとする利他的な地球への責任と愛がフラーの活動のベースにあったように思えてならない。

こうした利他性は、マックス・ウェーバーが分析したプロテスタンティズムの倫理のひとつ

「できる限り稼ぎ、できる限り蓄え（節約し）、できる限り与えよ」（ジョン・ウェスレー）に通じるものがある。古き良きアメリカには、こうした禁欲的なプロテスタント精神が根付いていたのではないだろうか。

一方で、建築家とは、他者からの要請という「依頼」があって初めて仕事が成立する職業である。自らの思想とまったく相容れない依頼があった場合、はっきり「NO」と言うべきなのだろうか。潤沢な予算と多額の報酬を目の前にしたとき、思想の異なる共感不可能な建物でも、設計を引き受けられるだろうか。

私は建築家として「他者への想像力」をもって、誠意ある対話の中から魅力ある建築を協働してつくりたいと思っている。集団でのものづくりである建築には、そうした複数の世界を同時に実現する豊かな力があるはずだ。

つまり、仕事欲しさに依頼主の言いなりになったり、おもねったりするのではなく、ましてや自らの主義・主張を強要するのでもなく、依頼主が建築に見ている夢や、そこで過ごす人たちのここちよさ、設計者としての理想の空間など、すべてを総合的に満たす、「みんなのための建築」という寛容なあり方を実践したいと思っている。

フラーと同時代の建築家のグロピウス[*5]は一九五六年、七三歳のときの講演で、資本主義に邁進する社会への危機感を以下のように述べている。

科学時代の始まりと機械の発達とともに、古い社会の形式が崩壊したのです。文明の道具がわれわれ人間よりも大きくなりました。道徳的な力でリードしてゆく代りに、近代人はただ機械的に質でなく量にたより、また新しい信念を築く代りにただ実用的な目的だけに奉仕するという考えを発展させました。

ヴァルター・グロピウス『建築はどうあるべきか——デモクラシーのアポロン』桐敷真次郎訳、ちくま学芸文庫、二〇一三年、一一五〜一一六頁

新しい文化がふたたび人間生活の夢と驚き、喜びと幻想を、新しい魔術的な美しさで表現できるように、われわれの引き裂かれた世界を統一する基盤を見出すことが必要となってくるでありましょう。

前傾書、一二五頁

そして最も大切なこととして、「美をつくりだすこと美を愛することは、大きな幸福をもた

＊5　Walter Adolph Georg Gropius（一八八三〜一九六九）モダニズムを代表するドイツ人建築家であり、教育者。インターナショナル・スタイル（国際様式）を提唱。自ら創立した「バウハウス」のデッサウ校舎はその実例。

らして人間を豊かにするばかりでなく、道徳的な力をもたらしてくれる」[*6]と語っている。この「道徳的な力」こそ、グロピウスの建築家としての倫理にほかならない。

先に述べた「他者への想像力」も、グロピウスが美の中に見た「道徳的な力」を感じるためのものであり、決して人間だけに向けられたものではないと私は思っている。むしろ、言葉を持たない自然といかに心を通わせて、建築に命を吹き込むことができるかを考えたいのである。

フラーが宇宙的な視点から地球のための建築を思考したように、グロピウスが「多様のなかの統一」を目指したように、もし「みんなのための建築」をその場所だけのための建築としてつくることができたら、それもまた人間にとってのより豊かな世界への回路になるはずだ。そうした可能性を信じられる社会をつくるべく、これからも寛容な姿勢で、あらゆる他者と粘り強く対話を重ねていきたい。

＊6　グロピウス『建築はどうあるべきか』一一、一三頁

10

What Are You Standing On? ｜ 白岩英樹

二〇二四年二月一二日

ゼミ生の卒論を読んでいる。どれも本当におもしろい。しかし、指導教員の立場上、おもしろい、おもしろいと連呼しながら読むだけでは済まず、添削と称して朱字で加筆を促したり、修正案を提示したりせねばならない。全員の文字数を合わせれば優に書籍化できるくらいのボリュームがあるから、膨大な時間と労力を要する。それでも、誰が何のために読んでいるのかわからない書類を作ることに比べれば、大学教員としての冥利を感じる学務である。

わたしがおもしろいと感じる卒論は、総じて以下の二種類である。

（1）わたしの知らないことが書いてある

（2）わたしの知っていることが予期せぬ理路で展開される

（1）については、どこからかお叱りの言葉が飛んでくるかもしれない。それはお前の勉強不足だ、とか、頭が悪い、とか。それらのご指摘には、ごもっとも、仰せのとおりです、と応えるしかない。読んでも、読んでも、記憶のそばからこぼれていくし、手を伸ばして掴み直そうとしても、そもそもなにが抜け落ちたのかも定かでないのだから、虚空を引っかくばかりで、書架に並ぶ本を次々と手にとっては、再読に再再読を重ねることになる。そうしてようやく、こぼれ落ちたものが何であったのかに気づく。

（2）に関しても、それはお前の知性が足りない、とか、呑み込みが悪い、と、苦言を呈されるかもしれない。それらにも、御意、おっしゃるとおりです、と応じるしかない。ページをめくっても、めくっても、論理展開などどこ吹く風、文体から染み出る息遣いや身体性に酔うばかりで、いつのまにやら筋道を離れ、邪径をさまよい、星座を指で辿るように事象と事象とのあいだに架空の線を描いている。そうして初めて、すっぽり抜け落ちた関係性が見え始める。

（1）にしても（2）にしても、卒論を書いたのは、ほかならぬゼミ生自身である。わたしはおもしろがりながら、いくつかの方向性や代替案を示唆したにすぎない。

卒論執筆以前のゼミ生たちもまた、「知らないこと」だらけで、「予期せぬ理路」はまったく見えていなかった。しかし彼らは、痛苦にあえぐ人々が構造化されているアメリカ社会にメスを入れた。そして、我々がせわしない日常の前提にすえ、すっかり内面化した価値観を一つひとつ検証していった。その結果、自他の被害性と加害性とを交差的に問うような卒論が生まれたのだ。

〈征服者／強者〉の論理に覆われるアメリカ

わたしにとって「知らないこと」や「予期せぬ理路」への視座が開かれたのは、COVID-19のパンデミック下だった。

二〇一七年に第四五代ドナルド・トランプ政権が誕生して以来、彼の大統領らしからぬ一言一句、一挙手一投足に、アメリカ国内のみならず、世界中が翻弄されていた。フェイク・ニュースやオルタナティブ・ファクトといった、虚妄にまみれた言葉の数々。WHOへの資金拠出停止に代表される、国際協調や相互扶助なき自国第一主義。COVID-19の感染拡大に対する無策と専門知の軽視……気づけば、「先進国」アメリカの死者数は世界最大にまで膨れ上がっていた。

第八回で青木さんが語ったように、イスラエルによるジェノサイドをなかば黙認しつつ、中東各地への爆撃を命ずる第四六代大統領ジョー・バイデンの暴挙を眼前にすれば、トランプ政権が特別に「異常事態」であったとは言い切れないのかもしれない。だが、あえて両者を凝視し、そのあいだに確かな差異を看取するとすれば、それはトランプが自らの白人性を〈乱用／

悪用〉して当選した「アメリカ史上初の白人大統領」であることだ。[*1] 二〇一六年の共和党予備選挙時から、彼の主張は一貫して〈征服者／強者〉の論理からしか発しえないものばかりであった。

二〇二〇年、白人警察官デレク・ショーヴィンによるジョージ・フロイド氏への暴行殺人が引き金となってBLM（ブラック・ライブズ・マター）運動が勢いを増すと、トランプが煽り続けた「分断」の境界線はみるみる露わになった。白人至上主義の集会を擁護する一方で、BLMには「法と秩序（Law and Order）」を厳格に適用する。彼の言動は〈征服者／強者〉と〈被征服者／弱者〉とのあいだに明確な境界を設け、前者の論理によって後者の論理を排除しようとする、時代錯誤的な信念に基づいていた。移民・難民を「動物」と呼ぶ非人道的な世界観も、元をたどれば同じ病根から発している。

無知という加害

しかし、アメリカ黒人文学の伝統を継承するタナハシ・コーツは、二〇一五年に全米図書賞を受賞した『世界と僕のあいだに』において、警察による暴力と司法権の乱用が、市民によって生み出されていることを指摘していた。

警察はアメリカそのものの意志と恐怖（will and fear）とをみごとに反映している（中略）そうした政策に付随して起こっている乱用（abuses）、つまり、無秩序に刑務所が増えてゆく状態、黒人のでたらめな拘留、そして容疑者への拷問は、民衆の意志の生んだもの（the product of democratic will）なんだ。

タナハシ・コーツ『世界と僕のあいだに』池田年穂訳、慶應義塾大学出版会、二〇一七年、九二頁

日々、世界中に拡散するBLMの動向を追いながら、わたしの身体はジョージ・フロイド氏の消えゆく生命に同期しつつあった。約九分にもわたって頸部を膝で圧迫されたフロイド氏の悲痛な叫び“I can't breathe.（息ができない）”が耳目にふれるたび、胸が詰まり、鼻や口に異物を押し込まれるような恐怖を覚えた。そして、過呼吸の状態に陥った。

しかし、フロイド氏の首を押さえつけたショーヴィン受刑者の膝に力を貸していたのは、ほかならぬわたし自身であった。「知らないこと」がすっぽり抜け落ちたまま〈征服者／強者〉のアメリカをまなざすだけで、〈被征服者／弱者〉の叫びに耳を寄せることを怠ってきたのだから。それまでも「予期せぬ理路」への扉を目にすることはあったにもかかわらず、そのノブに手をかけてこなかったのだから。無知は容易に加害へ結びつく。ショーヴィン受刑者の膝は

＊1　コーツ『僕の大統領は黒人だった』一九五頁

わたしの膝でもあった。

アメリカだけでない。我々は身近なところでも、痛苦にあえぐ〈被征服者／弱者〉を足で踏みつけ、そのことに気づかぬまま、彼らの犠牲の上にあぐらをかいて生きているのではないか。海の向こうから響くフロイド氏の悲鳴とショーヴィン受刑者の白眼にさらされ、と同時に、息子への遺言のようなコーツの著作にふれて以来、ことあるごとにゼミ生や受講生たちと自問しあうようになった――“What are you standing on?（あなたは何の上に立っているのか？）”

現代に残る奴隷制としての人種資本主義

第七回でふれたように、南北戦争以前、黒人たちはアメリカ最大の輸出品である綿花を生産し、白人たちはその利益によって多額の外貨を獲得していた。しかし、奴隷から解放されても、黒人たちに白人と同等の市民権が与えられることはなかった。彼らは「無権利状態」のまま放置され、南部諸州では人種隔離制度ジム・クロウ法によって新たな差別に甘んじねばならなかった。[*2]

その結果、黒人たちは以前にもまして苛烈な暴力にさらされることになった。解放以前の奴隷は「動産」として扱われていたため、誰かの「所有物」である彼らに危害を加えることは（奴隷主自身を除けば）許されなかった。だが、奴隷制の廃止によって、その抑止・抑制の力学が失われると、黒人は女性も男性も「無法状態」に置かれることになった。[*3] ジム・クロウ法下では五千人もの黒人がリンチによって殺害されたという。[*4]

しかし、南北戦争から約一世紀を経て、一九六四年にようやく公民権法が制定されると、南部各州のジム・クロウ法も一斉に廃止される。公民権法自体にも改正が加えられ、状況は次第に改善していった。

にもかかわらず、〈労働力＝資産〉として黒人の身体を搾取するシステムは、かたちを変えて残った。それが「人種資本主義（racial capitalism）」である。アメリカ史研究者の貴堂嘉之は、政治学者セドリック・ロビンソンの論を紹介しながら次のように説く。

人種資本主義とは、人種的に中立と思われてきた資本主義の原型が、実は徹底的に人種化されているという観点から世界史を問い直すべきとの論であり、セドリック・ロビンソンは大西洋奴隷貿易と南北アメリカ大陸の植民地化が始まったときから、すべての資本主義は、物質的な収益性とイデオロギー的な一貫性において、人種資本主義によってできてい

＊2　石川『連邦の維持』と奴隷制度」二八三頁
＊3　ベリー&グロス『アメリカ黒人女性史』一四三頁
＊4　ダンバー＝オルティス『先住民とアメリカ合衆国の近現代史』二二一頁

たのではないかと問う。

貴堂嘉之「移民の世紀」木畑洋一・安村直己責任編集『岩波講座　世界歴史16　国民国家と帝国　19世紀』岩波書店、二〇二三年、一四〇頁

〈征服者／強者〉のレイシズムが「法的権威と制度的支配」をまとった資本主義に統合されると、それは動かしがたい社会構造として長く残存することになる。[*5]〈被征服者／弱者〉は押しつけられた法や制度の論理を前に、なすすべを失ってしまう。

事実、アメリカでは黒人の肉体が「比類のない価値を持つ天然資源（a natural resource of incomparable value）」として扱われ、その破壊がいまなお「伝統（tradition）」として受け継がれている。そして世代をまたぐたびに強化され、「世襲財産（heritage）」として資本主義の構造に組み入れられている。[*6]

光嶋さんは第九回でバックミンスター・フラーの思想を探究しつつ、彼の「『宇宙船地球号』は有限であり、資本主義のもとで無尽蔵に搾取していては沈没してしまう」と説いた。もし、アメリカが「沈没」することがあるとすれば、それは人種資本主義を容認する社会が、黒人をはじめとする〈被征服者／弱者〉の身体を食い尽くすときではあるまいか。

ＢＬＭの深刻な背景

経済の根本には、いつの時代も変わらず、我々の身体と「身体を支える社会」があったはずである。[*7]誰かの身体に危害を加え、それを支えるはずの社会を骨と皮ばかりに削ぎ落とすシステムを、経済などと呼べるだろうか。そのような代物はただの制度的暴力にすぎない。

アメリカの制度的暴力を容認した人種資本主義は、つねに「複合体（complex）」のかたちをとった。建国当初は「軍事―棉作複合体（military-cotton complex）」。入植者たちは軍事力によって先住民族から土地を収奪すると、そこで綿作を主とした大規模なプランテーションを展開した。〈労働力＝資産〉としての黒人の身体は、〈征服者／強者〉にさらなる富をもたらした。人種資本主義は、「暴力と強制（violence and coercion）」を広範囲に適用し、着々と「綿の帝国（empire of cotton）」の礎を固めていった。[*8]

そして、今日のアメリカで肥大化しつつあるのが、「刑務所産業複合体（prison-industrial complex）」である。軍事に代わって、警察の「監視・取締り（policing）」と「監獄（prison）」とが固く

＊5　ディアンジェロ『ホワイト・フラジリティ』四〇頁
＊6　コーツ『世界と僕のあいだに』一五一、一二〇頁
＊7　マルサル『アダム・スミスの夕食を作ったのは誰か？』一二九頁
＊8　ベッカート『綿の帝国』一九〇、六七八頁

手を結び、綿作は刑務所労働に置換されている。きわめて巧妙かつ「巨大で複雑なシステム」によって確保された囚人労働力は、アメリカ企業に莫大な収益をもたらす一方で、〈現代版奴隷制〉としか呼びようがない、新たな搾取を生み出している。[*9]

一九七〇年代以降、アメリカでは刑務所の建設と運営が民間の営利企業に開かれ、利権まみれのビジネスと化した。刑務所を運営する企業は政府からの補助金に飽き足らず、囚人労働力で収益を上げようと、警察・司法と結託し、受刑者数の増加を試みる。その結果、受刑者の数は従来の五〇〇パーセントにまで膨張した。

肝心なのは、その内訳と逮捕・収監に至るプロセスである。黒人・ラティーノ市民は全米人口の約二五パーセントにもかかわらず、囚人の約五九パーセントを占めるに至り、「公的扶助は何重にも刑事司法制度に組み込まれることとなった」。[*10] 実際、警察は法的手続きを経ずに福祉受給者の個人情報を得られるようになり、低所得者向けの食料費支援を管轄する事務所（Food Stamp）ではおとり捜査さえ行われていたことが明らかになっている。

先に引用したコーツが「黒人のでたらめな拘留」と呼ぶ手法が、「レイシャル・プロファイリング（racial profiling）」である。骨の髄までレイシズムを染みこませた「法的権威と制度的支配」は、黒人をはじめとする社会的弱者を「監視・取締り」の標的にすえ、決め打ちにかかる。そして、より多くの〈労働力＝資産〉を必要とする〈現代版奴隷制＝監獄ビジネス〉へと次々に囚人を送り込む。

AP通信の調査報道によれば、ルイジアナ州立刑務所では受刑者が「一時間当たり一ペニー、場合によっては無給で」畜産業に従事し、そこから出荷された牛は地元の牧場主を介して、マクドナルドやウォルマート、カーギルなど巨大企業のサプライチェーンに供給されている。それだけではない。囚人たちの労働において安全性は確保されておらず、「釈放後に役立つスキルを学ばせてもらっていない」と研究者からは批判されている。[*11]
福祉の領域に関しても、アメリカは他の自由主義レジーム諸国と比べて「外れ値（an outlier）」にあり、「基本的な福祉プログラムを有していない」。[*12] いったん「レイシャル・プロファイリング」のターゲットにされ、収監されたら最後、〈産獄複合体＝現代版奴隷制〉の無間地獄を周回し続けることになるのである。
アメリカ社会の格差はいっそう拡大し、〈征服者／強者〉の論理で人為的に掘られた「分断」の溝は深くなるばかりである。双方の「知らないこと」がますます増幅し、両岸に架橋しうる

＊9　坂上「警察や刑務所は、私たちの安全を守れるか？」九九〜一〇〇頁
＊10　土屋「刑罰国家と『福祉』の解体」一二九頁
＊11　Mcdowell & Mason. "Prisoners in the US are part of a hidden workforce linked to hundreds of popular food brands"
＊12　ガーランド『福祉国家』一〇九頁

「予期せぬ理路」は、なおも不可視化されつつある。

だからこそ、ＢＬＭはその最重要スローガンに「投資—脱投資（invest-divest）」を掲げていたのだ。黒人や社会的弱者の身体を破壊する警察や刑務所・司法への予算を「脱投資」し、彼らの「身体を支える社会」にこそ「投資」をすべきではないか、と。"Black Lives Matter"とは、「自分を愛そう。あなたを愛しているから。私たちの命は重い」の謂いであった。[*13]

自由主義社会の内なる奴隷制

アジア・アフリカ出身者として初めてノーベル経済学賞を受賞したアマルティア・センは、「経済学と倫理学との距離が広がったことで、現代経済学は大幅に力を失った」と述懐する。[*14]「消費、貧困、福祉に関する分析」でノーベル経済学賞を受賞したアンガス・ディートンは、センの言葉に呼応するかのように「人の苦しみからお金を生み出すのは間違っている（making money out of human suffering is wrong）」とアメリカの政策を批判し、不平等な富の格差を是正するよう提言する。[*15]

合衆国憲法もまた、その前文で「より完全な統一（a more perfect Union）」のために「一般の福祉を増進する（promote the general Welfare）」とうたう。[*16]

にもかかわらず、「一般の福祉」を「脱投資」し続けるアメリカの姿は、状況に応じてアップデートを重ねてきた憲法の理念に反している。ましてや、「MAGA（メイク・アメリカ・グレート・

アゲイン）」をスローガンに掲げて再び大統領の座に就こうとするのは、過去を美化する歴史修正主義者の愚挙にすぎない。前述したように、アメリカを「グレート」にしたのは、搾取された〈労働力＝資産〉としての黒人奴隷であり、白く輝くホワイトハウスを建てたのも「黒い労働者たち（Black hands）」だったのだから。[*17]

東欧近世・近代史研究者の中澤達哉は、「アフリカ系の奴隷化、強制労働なしには、西欧主権国家の統合もその近代性や資本主義も実現できなかった」とする政治学者フィン・ステプタットの主張を紹介し、奴隷解放の動向を「剥き出しの市場原理に立つ経済的自由主義があたかも倫理性を纏うかのように国家に介入した最初の成功例」だと喝破する。そして、中・東欧における「ヨーロッパの内なる奴隷制」について論を展開する。[*18]

結局のところ、〈被征服者／弱者〉の倫理を顧みず、経済的自由に猛進する限り、いくら「外なる」奴隷制や植民地を廃止したところで状況は変わらない。資本の無限増殖を志向する自由

＊13　榎本『それで君の声はどこにあるんだ？』四二頁
＊14　セン『アマルティア・セン講義　経済学と倫理学』二九頁
＊15　ケース＆ディートン『絶望死のアメリカ』二六八頁
＊16　"Preamble," Constitution of the United States
＊17　ホワイトヘッド『地下鉄道』四四一頁
＊18　中澤「一八四八年革命論」二一三、二一五頁

主義は、軍事力で「外なる」奴隷を強制連行するのと引き替えに、警察の暴力や司法の乱用によって「内なる」弱者を標的に定める。そうして彼らを「内なる」無間地獄に送り込むことで、資本主義の仮面をかぶった〈現代版奴隷制〉を捏造するのである。

アメリカのレジリエンスとしてのZ世代

〈現代版奴隷制〉が「知らないこと」にされ、しかるべき理路を見出せずにいるアメリカに希望はあるのか。なおもレジリエンスが残されているとすれば、奈辺にあるのだろうか。

コーツは「レイシャル・プロファイリング」によって「僕らのやさしさ（our softness）」が失われ、「僕らの微笑む権利（our right to smile）」さえ奪われているのだと嘆きつつも、作中で息子に語りかける。

なんとかなるさと請け合ってやれなくてすまない。守ってやれなくてすまない。だけど、そこまですまないとは思ってないんだ。脆弱（your very vulnerability）であるからこそ、お前は人生の意義（the meaning of life）に近づけると思う僕もいるんだよ。

コーツ、前掲書、一二四頁

我々は壮健で生命力がみなぎっているときほど、足下を見ない。下を向く暇があったら、前に向かって一目散に疾駆する。ましてや、道路や橋などの社会インフラが信頼に足る状態であれば、ランナーズハイに酔いながら、前方だけを見てひたすら走り続ける。

しかし、ふらふらとめまいを覚えるほどに身体が衰弱すると、さすがに足下に気を払うようになる。ときに進行方向を一瞥し、一歩いっぽ、足下を確認しながら歩みを進める。もし社会インフラが悪化していれば、ときに立ち止まりつつ、"What are you standing on?" と自問しながら、歩むしかない。

この世界には、お互いの足下を見合いながら〈被征服者／弱者〉の倫理を貫こうとした人々にしか「知らないこと」がまちがいなく存在する。と同時に、〈征服者／強者〉の足下で不可視化されてきた人々にしか見出しえない理路がそこかしこに開かれている。アメリカがそれらを見出しうる好機は、いまをおいてほかにないのではないだろうか。

たとえば、Z世代（一九九七〜二〇一二年生まれ）をはじめとするアメリカの若年層は、〈征服者／強者〉としてよりも、脆弱性をさらけ出す自国の姿とずっと同期しながら生きてきた。対外的には「戦争の膠着、肥大化する戦争関連費用に苦しみ、対内的には、広がる貧富の格差に引き裂かれ」、「蔓延するレイシズム、拡大する貧富の差、脆弱な社会保障」というアメリカの現実に対峙せざるを得ない世代である。[*19]

しかし、だからこそ、アメリカ特有の「例外主義（exceptionalism）」に縛られることなく、〈被征服者／弱者〉としての倫理を模索することが可能となる。彼らＺ世代は、対内的にはＢＬＭの中心となって運動を展開し、対外的には「アメリカの偽善とダブル・スタンダード」を鋭く批判してきた。[*20]ジェノサイドを止められないバイデンが彼らの非難にさらされ、ＢＬＭがパレスチナとの連帯を前面に打ち出すのは至極当然の理路であろう。

パレスチナで「アメリカ」が反復されている

「知らないこと」から「予期せぬ理路」を拡張しているのは、Ｚ世代に限らない。全米アフリカ系アメリカ人聖職者ネットワークの共同議長バーバラ・ウィリアムズ＝スキナーは「黒人聖職者は、戦争、軍事主義、貧困、レイシズムのすべてがつながっていることを目の当たりにしてきた」と語り、次のように続ける。「しかし、イスラエル・ガザ戦争は、イランやアフガニスタンとは異なり、公民権運動以来見たことのないような、黒人の根深い怒り（deep-seated angst among Black people）を呼び起こした」。[*21]

〈パレスチナ／イスラエル〉の特異性は「入植者たちが頂点に立ったという点」にある。被植民地が国民国家として独立するにあたり、たいていは入植者たちが植民地からの逃亡を図る。アルジェリア然り、インドネシア然り、コンゴ然り。その背景には、コーツが告白するように、自分たちが犯してきた暴挙への復讐が行われるに違いないという「意志と恐怖」が存在する。

しかし、〈パレスチナ／イスラエル〉は違った。一九四七年の内戦を機に、ユダヤ人入植者たちの分離独立がアラブ人住民よりも重視される方向で進められた。「ユダヤ人勢力は、広い領域にわたって民族浄化を実行することで戦禍を確実なものにした」[*22]。

この長きにわたるプロセスを看過し続けたのが、アメリカを中心とする西欧諸国である。決して忘れてならないのは、第四回でもふれたように、アメリカ自体の成り立ちが「セトラー・コロニアリズム」に依拠していることであろう。

誤解を恐れずにいえば、イスラエルによるジェノサイドは「帝国」アメリカの反復にすぎない。ウィリアムズ＝スキナーが表明する「黒人の根深い怒り」とは、制度的暴力によって〈被征服者／弱者〉から搾取・収奪を繰り返し、その蛮行自体を「知らないこと」として足下に葬り去ってきたアメリカそのものへの怒りでもある。

＊19　三牧「エマ・ゴンザレス」六五頁
＊20　三牧『Z世代のアメリカ』一四五頁
＊21　King, "Biden peril in Black churches"
＊22　ケネディ『脱植民地化』一三一頁

〈征服者／強者〉の論理に立ち向かう

〈Z世代／BLM／黒人聖職者たち〉は、〈征服者／強者〉によって不可視化されてきた人々にしか見出しえない理路をパレスチナに開くことで、確かなグローバル・ネットワークを築きつつある。

いまだ結実したことがない〈Un-united States of America／アメリカ非合衆国〉として空中分解しつつあるアメリカが、いずれば、それは「帝国」としての己の歴史と向き合い、暴力と資本主義からなる「複合体」を解体するときであろう。そのとき、過去との対峙と「複合体」解体運動の中心を担うのは、「知らないこと」を手探りしあってきた〈Z世代／BLM／黒人聖職者たち〉にちがいない。

もちろん、〈征服者／強者〉の論理に立ち向かわねばならないのは、アメリカに限らない。此岸に住む我々もまた、「知らないこと」に耳を寄せながら、彼らが切り拓いた理路を辿る必要があろう。此の国を含め、世界各国が脆弱性をさらし、国際的な社会インフラさえ弱化の一途をたどりつつあるいまだから、ときにその場にたたずんで、足下を凝視しながら「知らないこと」に自分を開いたり、「予期せぬ理路」を探索したりすることができるはずだ。自他が弱っているときこそ、めぐりあえる倫理がある――"What are you standing on?"。

引用・参考文献

Constitution Annotated. Preamble-Constitution of the United States

Maya King. "Biden peril in Black churches" The New York Times, January 30, 2024

Robin Mcdowell & Margie Mason. "Prisoners in the US are part of a hidden workforce linked to hundreds of popular food brands" Associated Press, January 29, 2024

Mia Glass (BLOOMBERG). "Japan Police Accused of Racial Profiling" Time, January 30, 2024

アン・ケース&アンガス・ディートン『絶望死のアメリカ─資本主義がめざすべきもの』松本裕訳、みすず書房、二〇二一年

デイヴィッド・ガーランド『福祉国家』小田透訳、白水社、二〇二一年

デイン・ケネディ『脱植民地化─帝国・暴力・国民国家の歴史』長田紀之訳、白水社、二〇二三年

タナハシ・コーツ『世界と僕のあいだに』池田年穂訳、慶應義塾大学出版会、二〇一七年

タナハシ・コーツ『僕の大統領は黒人だった─バラク・オバマとアメリカの8年（上下）』池田年穂、長岡真吾、矢倉喬士訳、慶應義塾大学出版会、二〇二〇年

アマルティア・セン『アマルティア・セン講義　経済学と倫理学』徳永澄憲、松本保美、青山治城訳、ちくま学芸文庫、二〇一六年

ロクサーヌ・ダンバー＝オルティス『先住民とアメリカ合衆国の近現代史』森夏樹訳、青土社、二〇二二年

ロビン・ディアンジェロ『ホワイト・フラジリティ─私たちはなぜレイシズムに向き合えないのか？』貴堂嘉之監訳、上田勢子訳、明石書店、二〇二一年

スヴェン・ベッカート『棉の帝国─グローバル資本主義はいかに生まれたか』鬼澤忍、佐藤絵里訳、

紀伊國屋書店、二〇二二年
ダイナ・レイミー・ベリー&カリ・ニコール・グロス『アメリカ黒人女性史―再解釈のアメリカ史・1』兼子歩、坂下史子、土屋和代訳、勁草書房、二〇二一年
コルソン・ホワイトヘッド『地下鉄道』谷崎由衣訳、早川書房、二〇二〇年
カトリーン・マルサル『アダム・スミスの夕食を作ったのは誰か？―これからの経済と女性の話』高橋璃子訳、河出書房新社、二〇二一年
石川敬史「『連邦の維持』と奴隷制度―初期アメリカの視点から」、坂上香「警察や刑務所は、私たちの安全を守れるか？―COVID-19パンデミック×BLM時代におけるアンジェラ・デイヴィスの問い」、土屋和代「刑罰国家と『福祉』の解体―『投資・脱投資』が問うもの」『現代思想一〇月臨時増刊号　第四八巻第一三号』青土社、二〇二〇年
榎本空『それで君の声はどこにあるんだ？―黒人神学から学んだこと』岩波書店、二〇二二年
貴堂嘉之「移民の世紀」、中澤達哉「一八四八年革命論」、木畑洋一・安村直己責任編集『岩波講座世界歴史16　国民国家と帝国　19世紀』岩波書店、二〇二三年
三牧聖子「エマ・ゴンザレス」、和泉真澄、坂下史子、土屋和代、三牧聖子、吉原真里『私たちが声を上げるとき―アメリカを変えた10の問い』集英社、二〇二二年
三牧聖子『Z世代のアメリカ』NHK出版、二〇二三年

11

食糧から見る、アメリカの現在地 ― 青木真兵

二〇二四年二月二六日

前回の白岩さんの論考を受け、〈征服者／強者〉〈非征服者／弱者〉の関係を考えようとして気づいたのは、私たちが二項対立の枠組みのなかに固定化されがちだということだ。支配と被支配、帝国と植民地、勝者と敗者……。これらの図式は、確かにある特定の場面には適応できるのだが、そもそも完全なる強者、完全なる敗者というものが存在するのかと考えると、疑わしくなってくる。

なにも言葉遊びをしようとか、概念を捏ねくりまわそうというのではない。例えば時間軸を伸ばすことで、「あのときの負け」が今の自分につながっていると考える人がいてもいい、そう思うのだ。

「あのときの負け」は、いっときの負けであり、完全な負けにはなり得ない。そう考えて生き

直せるのが、人間らしさであり、人間に備わった強さだ。この種の「リフレーミング」は、もちろん他者に強要することはできない。被害の経験を「完全な負け」としか思えない時間は、個々の人生において間違いなく存在するからだ。

しかし同時に、そのような経験をしたからといって、一生を敗者として過ごさなければならないというわけでもない。経験の本質は本人にしかわからないし、本人の中でも日によって、時期によって変わる可能性がある。

国家の立ち位置、それはかくも複雑なもの

私がこんなふうに考えるようになったのは、カルタゴという古代都市国家の研究を通じてであった。

カルタゴは紀元前九世紀頃、海洋民族フェニキア人によって北アフリカの現在のチュニジアあたりに建設された植民都市だ。古代地中海貿易で重要な役割を果たし、西地中海域を中心に繁栄を極めた。海上貿易はもちろん、農業でも大きく発展したことが知られている。

カルタゴの名を最も知らしめたのは、ローマとの間に三度勃発した「ポエニ戦争」ではないだろうか。

「ポエニ」とは、ローマ人がカルタゴ人のことを「ポエニ人」と呼んだことに由来する。つま

りポエニ戦争というネーミング自体が、「ローマ側からの視点」によるもの。私たちは知らず知らずのうちに、勝者の視点から語られる歴史に触れている。

地中海の覇権を巡るこの争いで、カルタゴは完膚なきまでに破壊され、その土地はローマの属州となった。紀元前一四六年のことである（正確には、カルタゴの旧領域が属州化したのは戦争から約一〇〇年後。カルタゴがローマの都市として再建されるのは、紀元前二七年に始まる初代ローマ皇帝アウグストゥスの時代である）。

こうした経緯を見ると、カルタゴはローマによって滅ぼされた「敗者」と結論づけられるだろう。しかし、カルタゴの歴史をより詳しく見ていくと、それは一面的な理解であることに気づく。前述のとおり、カルタゴは農業が盛んで、小麦、大麦、オリーブ、ブドウなどの地中海貿易が経済基盤の一つだった。そしてそれらの穀物を栽培していたのは、シチリア、サルデーニャ、北アフリカの一部といった植民地だった。カルタゴの経済的繁栄は植民地によって支えられており、カルタゴは帝国主義の拡張に深く寄与していたのである。

この点に着目すると、ローマとカルタゴが同じ「帝国」であったことがわかる。確かに帝国との戦いにおいて、カルタゴは敗者であった。しかし、帝国と植民地という関係で考えたとき、カルタゴは果たして「完全な敗者」といえるだろうか。

といいつつ、帝国と植民地という関係自体を「勝者と敗者という図式」に当てはめること自体、適切でないかもしれない。なぜなら植民地側も、帝国の権威や軍事力を利用して隣接する地域社会との競争を有利に進めるなど、帝国の力を利用していたからだ。だからといって、安易に「どっちもどっち」という相対主義に陥ってはいけない。大国に挟まれた小国に住む市井の人びとが犠牲者であることは、確かなのだから。

「食糧援助プログラム」の二枚舌

カルタゴはもとより古代ローマ帝国の支配の要も、食糧生産、つまり農業にあった。

ローマ帝国はその食糧供給を帝国内の穀物生産地に依存しており、特に帝国の「穀物庫」と見なされたエジプトを、皇帝直轄属州として特別な管理下に置いていた。また、ローマ帝国では市民への穀物の無料配布（アノナ制度）が行われていたことが知られている。これは皇帝が市民の「福祉」に責任を負うことを示す象徴的な行為であり、皇帝の求心力を高める役割も果たしていた。

このように帝国主義において重要な意味を持つ「食糧制度」は、現代アメリカではどうなっているのだろう。

アメリカは現在、世界最大の食糧生産国である。農産物の輸出は重要な経済基盤であり、外交ツールとしても食糧を使ってきた。「食糧援助プログラム」を通じた他国との関係強化や、影響力の拡大は、よく知られているところである。

戦後日本の学校給食にパンが登場したのも、このプログラムの影響である。太平洋戦争でアメリカに敗れ、極度の食糧不足に直面していた日本で飢餓が広がるのを防ぐためというのが表向きの理由だったが、実はこの食糧援助プログラムには、一九四八〜五二年の「ヨーロッパ復興計画」こと「マーシャルプラン」と同様の目論見があった。一言でいうと、この食糧援助にはアメリカ製品の市場を確保し、共産主義化を防ぐ目的があったということだ。特に日本に対しては、これは占領政策の一環として行われた。

アメリカで始まった食の工業化

このように、食糧にはアメリカを考える上で重要な点が多い。中でも最も重要な起点だと私が認識しているのが、一九世紀後半から二〇世紀初頭に起こった第二次産業革命である。電力と内燃機関の利用拡大、新しい製造技術の導入、交通網と通信網の改善といったテクノロジーの発達によって工業化が急激に進んだ結果、人口は農村から都市へと流入し、都市では貧困層が生まれた。劣悪な環境に置かれた貧困層の人びとは、不衛生な条件で加工・保存され、有害な添加物を使った安価な加工食品を食べざるを得なかった。

この時代には、たくさんの食の起業家が誕生している。私の好きな『ザ・フード　アメリカ巨大食品メーカー*1』は、第二次産業革命によって変化する社会に登場してきたさまざまな起業家を取り上げるドキュメンタリーシリーズだ。トマトケチャップの「ハインツ」やコーンフレークの「ケロッグ」、「コカコーラ」など、取り上げる企業も多様なら、社会環境の改善を目指す人、一攫千金を夢見る人、権力欲を具現化しようとする人など、起業家自身もさまざまだ。

彼らの会社が共通して行うのは、「食の工業化」である。これによって貧困層の衛生環境は格段に改善し、安全な食生活が安価で得られるようになった。一九〇六年には食品の偽装や不純物の混入を防ぐ「ピュアフード・アンド・ドラッグ法（純粋食品および薬物法）」が制定され、食品と薬の安全性に関する規制も強化されている。

帝国主義者と「スピード・サービス・システム」の親和性

全三回の『ザ・フード』シーズン1が最終回で扱うのが、世界で最も有名なハンバーガーレストラン、「マクドナルド」である。よく知られていることだが、マクドナルドは、創業期と拡大期を担った人物が異なる。

マクドナルドは一九四〇年、リチャードとモーリスのマクドナルド兄弟によって、バーベキューレストランとしてスタートした。現在のファストフード形態に変化したのは、一九四八年。メニューを大幅に簡素化し、効率的な「スピード・サービス・システム」が導入された。ヘンリー・フォードが導入した自動車の組み立てライン方式を応用したこのシステムのポイントは、作業の細分化と作業工程の標準化にあった。各作業員が単一のタスクに専念することで、生産効率を大幅に向上させるこのシステムによって、近代的ファストフードの歴史は始まったのだ。

この「スピード・サービス・システム」に魅入られたのが、レイ・クロックという「帝国主義者」である。一九五四年、マクドナルドのフランチャイズ権を獲得したクロックは、マクドナルド兄弟の意に反して次々と店舗を増やしていく。

一九六一年、クロックはマクドナルド兄弟からレストランの事業権を買収し、「マクドナルドブランド」の完全な支配権を手に入れる。買収後も、兄弟が運営するオリジナルのマクドナルドはその名前を維持していたが、クロックはそのすぐ近くに新店舗を開店し、兄弟のレストランを廃業に追い込んだのであった。

第九回で光嶋さんはリチャード・バックミンスター・フラーに触れ、一九二九年に彼が「安価で環境効率のいい工場量産化住宅《ダイマキシオン・ハウス》をデザインして、アメリカ建築界に登場した」と述べている。そしてそれは「フォード社が工場で高度に品質管理されたベルトコンベアによってT型フォード車を大量生産したように、住宅においても現場で職人がつ

＊1　The Food（二〇一九年公開／全三エピソード、二五二分／アメリカ）世界で親しまれるアメリカの巨大食品メーカー誕生の経緯と、リーダーたちの足跡をたどるドキュメンタリーテレビシリーズ。

くるのではなく、工場で組み立て（プレファブリケーション）、現地まで運ぶというアイディアを考案し、アメリカの住宅難に一石を投じたのである」と。

フラーの意図は「この美しい地球を持続可能なものにするためには、最小限のエネルギーで効率を最大限まで上げる必要がある。そのために、自然との関係性を探究する知性が不可欠」というところにあったが、ほぼ同時代に活動し、フォードシステムからインスピレーションを得たレイ・クロックに、果たしてそのような倫理観はあったのだろうか。

ファストフード依存はなぜ生まれたか

クロックはこの「スピード・サービス・システム」を有したハンバーガー店を「マクドナルド」と名づけ、全米に展開した。アメリカ国内にとどまらず、一九七一年には日本でも銀座に一号店がつくられた。周知の通り、現在では全世界に拡大している。

その後ファストフードレストランの種類が増えると競争が激化し、より多くの顧客を獲得することのみに終始した結果、さまざまな問題が生じてしまっている。

その問題の一つを扱ったのが、二〇〇八年公開のドキュメンタリー映画『フード・インク』[*2]である。この映画は、消費者が普段目にしている食品がどのように生産されており、その生産プロセスが環境、健康、そして経済にどのような影響を与えているのかを明らかにしている。

なかでも焦点が当てられたのが、ハンバーガーの安さを可能にする「工場式畜産」の問題だ。合理性を追求するこのシステムでは、動物たちは極めて狭いスペースに押し込められ、抗生物質や成長ホルモンによってできる限り速く育成される。これは動物福祉の観点から問題なのはもちろん、抗生物質耐性菌の発生リスクが高まる意味でも、深刻だという。

合理性追求の事例として、もう一つ挙げられていたのが、トウモロコシである。牛は自然界において草を食べて暮らしている。しかし草のカロリーは低く、草だけを食べていては、牛はすぐには成長できない。ハンバーガーをより安価に作るには、牛の成長スピードを上げる必要がある。そこで用いられたのが、栄養価の高いトウモロコシであった。草の代わりにトウモロコシを与え続ければ、「工場式畜産」はさらに高いコストパフォーマンスを達成することができる。

こうした極めて工業的発想を畜産に適用した結果、牛の体内には本来存在しなかった大腸菌ウイルスO-157が発生し、牛肉に混入することになる。一九九三年、O-157に感染した牛の肉でできたハンバーグを食べた少年が亡くなるという、痛ましい事件が起きている。

トウモロコシにはさらに大きな論点がある。高フルクトース・コーンシロップである。

＊2　Food, Inc.（二〇〇八年製作／九四分／アメリカ／ロバート・ケナー監督）　アメリカの食品産業に潜む問題点に切り込んだフード・ドキュメンタリー。

これはぶどう糖と果糖の混合液で、トウモロコシなどのでん粉を酵素処理して作られる。アメリカには一九七〇年代に導入され、食品の生産コストを下げ、加工食品やファストフードの普及を促進する一因となった。甘味が高く、安価なため、砂糖の代替品として加工食品や飲料に広く使用されている。

さらなる問題は、トウモロコシを含む特定の作物にアメリカ政府が補助金を提供していることだ。その結果、トウモロコシの生産コストはさらに低下し、市場に大量に供給されることになった。これでもファストフードに依存してしまう低所得者層を「自己責任だ」と一蹴できるだろうか。

米国産トウモロコシが移民問題を生んだ

トウモロコシの悪影響は、アメリカ国内にとどまらない。

メキシコにおいて、トウモロコシは古くから重要な食糧作物であった。しかし一九九四年の北米自由貿易協定（NAFTA）制定後、アメリカ政府の補助金を受けて生産された安価な米国産トウモロコシがメキシコ市場に流入し始めると、メキシコの小規模農家はトウモロコシの価格競争で圧倒的不利を被り、多くの農家が廃業してしまう。

困窮したメキシコの農家や農村労働者は、生計を立てるため、やむなくアメリカへの移住を選択する。こうしてアメリカへの不法移民は経済的理由によって増加、移民問題が社会的・政治的課題として浮上し始めたのである。

この不法移民に対して、強硬な姿勢を鮮明にしたのがトランプ前大統領であった。

トランプは二〇一五年の大統領選挙運動のスタート時から、不法移民や麻薬の密売、犯罪の流入を防ぐため、メキシコとの国境に壁を建設する必要性を訴えていた。壁の建設は費用の問題からもすぐには進まなかったが、トランプ政権は不法移民に対する一連の厳しい対策を実施した。

当然ながらこの政策は、大きな分断を生み出す人道問題として、アメリカ内外から大きな批判を浴びた。にもかかわらず、二〇二三年一〇月、バイデン政権は政策を転換、壁の建設が再開されている。

二つの帝国の先例から何を学ぶか

アメリカの帝国主義を「食」という視点から眺めてみると、自由経済を維持するために、いかに卑劣な政策が行われてきたかが見えてくる。

貧困層をファストフードに依存させる構造をつくったり、メキシコの農家を廃業に追い込んだり……いずれのケースでも、利益を得るのは国民国家がなくなっても困らない一握りの富裕層であり、犠牲になるのは本来国家の支援を必要とする国内の貧困層や国外の農家である。

冒頭で書いたように、古代ローマ帝国において、市民は無料の穀物配布を受けることができた。もちろん、ローマ市民は特権階級であり（市民権は時代を経るごとに拡大した）、帝国内には奴隷や非市民権者も多数存在していた。しかし公式に保護されていた市民と市民権のない奴隷や外国人が、現在のアメリカ社会のように自己責任に基づく格差社会に生きていたかというとそうではなかっただろう。

ローマ帝国では、クリエンテラ関係と呼ばれる「保護―被保護の関係」によって、非公式的な形での共同体が存在していたし、ローマ市民は多くの権利を持つ代わりに、税負担、軍務・公共事業への参加など、帝国や地域に多くの義務を負っていた。

前近代の帝国には人権という概念は存在せず、悲惨な拷問や天候不順などにより、人は日々、大量に死んでいた。その一方で、テクノロジーを前提とした個人主義に向かいすぎた現代社会では、社会や共同体で孤立する人が増えている。人間は、むき出しの権力関係のなかでは、極めて脆弱な存在である。この弱さを踏まえ、これからどんな社会をつくっていくことが求められているのだろうか。

はっきり言って、過去にユートピアは存在しない。しかし先例として参照しながら、「マシな未来」をつくっていくことはできる（と信じたい）。そのためにはどのような思想、アクションが必要なのか。

このような「問いの立て方」こそ、きっとアメリカ的なのだろう。そういう意味でも、やっぱり「ぼくら」はアメリカから眼が離せないのだ。

参考文献
平賀緑『食べものから学ぶ世界史——人も自然も壊さない経済とは?』岩波ジュニア新書、二〇二一年
鈴木透『食の実験場アメリカ——ファーストフード帝国のゆくえ』中公新書、二〇一九年

12

モグラの手つきで――抵抗と連帯の詩学へ――白岩英樹

二〇二四年三月一一日

期せずして迎えた五巡目。来週は卒業式だ。いつもこの時期になるとシャーウッド・アンダーソンを読み返すことにしている。わたしがアメリカ文学を読み始める端緒を開いてくれた作家である。会社経営と創作と家庭のはざまで深い葛藤を抱えながら、四度の結婚と三度の離婚を経験し、アメリカの陰影をひとりで背負い込んだような人物を生涯描き続けた。アンダーソンはもともと詩人への憧れが強かった。生前には二冊の詩集が刊行されている。しかし発行部数から察するに、当時もいまも、それらをひもとく読者はごくごくわずかである。そのなかに、「死（Death）」と題する作品がある。冒頭は次のように始まる。

ベルベットのガウンを着て星を見ている人たちがいるけれど、わたしは彼らの仲間には加わらない。神はわたしを家へ連れていき、いっしょに腰かけさせるようなことはしない。神の家が明るい光を放ちながら燃えさかっているとき、**わたしはずっと往来にいる。わたしの望みは上がっていくことではなく、下りていくこと。**わたしの魂は宙を舞うことなど渇望してはいない。

Sherwood Anderson. *A New Testament*, Boni and Liveright, 1927. p.25. 訳・強調は引用者

「わたし」は理念ばかり尊ぶわけでもなければ、神の世界へ入ろうともしない。むしろストリートにとどまって、より下方へ降りていくことを望んでいる。まばゆい光を放つ全能の存在に羨望のまなざしを向けることは易しい。一方、その対極に位置する領域へ足を踏み入れ、全身でかかわることはひどく難しい。しかし、アンダーソンは詩的想像力によって、「わたし」の難路を切り拓く。

街の騒音がやかましく聞こえてくるとき、わたしが丈夫であるのならば、**望むのは地中を動く小さなモグラになること。**
わたしは**草の根の下を這って**いくだろう。
わたしは**ビルの土台の下**を進んでいくだろう。
わたしは**髪の毛のような木の根っこに沿って這って**いくだろう。一滴の雨粒さながらに。

春になって体内に力が満ちてくれば、わたしは**草の根の下を這って**、はるか遠くの畑まで行くだろう。
わたしは**耕された畑の下**を進んでいくだろう。
わたしは**黒い畑の下**を深く掘り進んでいくだろう。わたしは手探りで道を確かめながらそろそろと進んでいくだろう。
わたしはトウモロコシの粒の弟になるだろう。トウモロコシの粒は人々の肉体を養うのだ。

前掲書、二五～二六頁、訳・強調は引用者
cf.『シャーウッド・アンダーソン全詩集――中西部アメリカの聖歌／新しい聖約』白岩英樹訳、作品社、二〇一四年、一三一～一三二頁

モグラに姿を変えた「わたし」は、当初の望み通り地中へと下りていく。そして、全身で草の根の下をかき分け、ビルの土台の下をかいくぐり、遠方の肥沃な畑へ到達する。人間が地上に設けたボーダーは、地下でいとも容易に越境される。だが、その旅路は決して一本道ではない。全身で「這って（creep）」、「手探りで道を確かめながら（touching and feeling my way）」進むより、地中ではほかに方法がないのだから。あっちへ行ったり、こっちに来ては戻ったり、アンダーソンの人生同様に、モグラの動きは直線的とはほど遠い。最終的にモグラは、畑の地中深いところで息絶える。だが、詩のタイトルでもある「死」は、

生の終着点を意味しない。地中で〈トウモロコシの粒の弟＝養分〉に分解されたモグラは、滋味あふれる穀物としての新たな命を吹き込まれ、地上の人間を養う。

アンダーソンの作品に散見されるトウモロコシは、第一一回で青木さんが批判的に言及した「工場式畜産」とも、「高フルクトース・コーンシロップ」とも、メキシコの小規模農家を追いつめる輸出品とも、縁遠い。モグラやトウモロコシが生の循環をつなぐ存在として描かれるのに比して、特定の富裕層に資する社会構造や政策はきわめて直線的な思想から生み出されている。

直線的なヒエラルキーの底辺をまなざす

前回、青木さんは〈勝者／敗者〉という二項対立の前提から、ローマとの戦争で敗者となったカルタゴも「完全な敗者」とはいえないのではないかと提起した。カルタゴもシチリアやサルデーニャ、北アフリカの一部に植民地を有する、ローマと「同じ『帝国』」であり、被植民地の側でも「帝国の力を利用していたからだ」と。

そして最後に、「どっちもどっち」の相対主義の陥穽に陥ってはいけないと警鐘を鳴らした。「大国に挟まれた小国に住む市井の人びとが犠牲者であることは、確かなのだから」と。

わたしは一抹の戸惑いを覚えつつも、続きを読もうとして青木さんの言葉を追いかけた。が、わたしの眼球の表面をつるつると滑るばかりであった。もちろん、書いてある内容はクリスタルクリアにわかりやすく、多くの知見が得られたし、青木さんの声が耳に届くような気もした。それでも、青木さんの声はこだまのように遠くへ響き去る一方で、わたしの意識はひとところにとどまり続けていた（青木さん、ごめんなさい）。

それは、シチリアやサルデーニャ、北アフリカはどのような状況にあったのかということである。

ローマやカルタゴとの関係からいえば、帝国主義のボトムに暮らす人々がどのような暴力や抑圧のもとに収奪や搾取の標的とされ、いかなる苦役や痛苦にあえぎながら一生を終えていったのか。そして、独立国家の主権を有する市民として、どのように植民地主義から脱却し、主体性を回復していったのか。さらにいえば、ローマやカルタゴの内側でボトムにおかれた人々はどのような状態にあったのか。奴隷や女性たちにはいかなる運命が待ちうけていたのか。

わたしは、頭ではアメリカの「食」における帝国主義を学びながら、実存のもっとも深い場処で、彼らとの同期を試みていた。

安易な比較や類推がかえって誤解を招き、トランプ流のポスト・トゥルースに陥る危険性が生じることは重々承知している。それでもわたしは、青木さんが語った〈シチリア、サルデーニャ、北アフリカ／カルタゴ／ローマ〉の構図から、今日の〈パレスチナ／イスラエル／アメリカ〉の関係性を思い浮かべずにはおれなかった。そして、直線的な帝国主義ヒエラルキーのボトムに位置するパレスチナや、さらには社会で周縁化され、声を封じられた人々に耳をすませた。書物の山中を這いつくばり、文献と文献とのあいだに広がる谷間を手探りして確かめながら。

「呪い」を解く詩学

英語圏を中心としたカリブ海文学・思想を研究する中村達は、自明とされてきた西洋中心的な学知への抵抗として、「解呪の詩学（a poetics of disenchantment）」を提唱する。[*1] それはひと言でいえば、非西洋なるものを他者化してきた西洋中心主義および白人至上主義という「呪い」を解く詩学である。

マルティニーク出身の作家エドゥアール・グリッサンによれば、地中海とカリブ海の文化的志向性は性格を異にする。古代から一元的な支配に依拠した地中海に比べ、カリブ海は分散的かつ多元的な文化を志向した。前者の統一は地上世界に限定される一方で、カリブ海における統一は海面下で無限に拡張するイメージである。

また、バルバドス出身の思想家カマウ・ブラスウェイトは、目的に向かって直線的に進むことを是とした西洋の「ミサイル文化」に、多元的かつ円環的な志向を育んだカリブ海の「カプ

＊1 中村『私が諸島である』四一頁

セル文化」を対置し、後者に希望を見る。いうまでもなく、「ミサイル文化」には非西洋なるものを暴力によって隷属させる植民地主義の芽が潜在し、「カプセル文化」はレイシズムに基づいた学知を攪乱するポテンシャルを秘める。

そのような試みを重ねることで、カリブ海の思想家たちは、他者化で覆い尽くされた自文化を内側から反転させ、自らの主体性を掴み直してきたといえよう。被植民地としての経験から生じた人種的・文化的混淆性の「呪い」が解かれぬまま放置されると、差別や抑圧の構造が強化される一方である。

ドイツの現代史を研究する藤原辰史は「シオニズムは、西欧植民地主義が結晶化したものだ」と断言する。だとすれば、我々は「いないこと」「なかったこと」にされるものにこそ、日ごろから意志的にまなざしを向ける必要があろう。次のジェノサイドが起きたときでは、もう遅いのだ。[*2]

もちろん、混淆性を肯定的に捉えるグリッサンが語るように、我々を取り巻く関係性も、不可能図形や不可能立体さながらに入り組んでいる。だが、豊饒な混淆性を〈乱用／悪用〉され、ヴェールに覆われた他者化プロセスによって、誰かが暴力や抑圧、排除の対象となったとしたら……。我々は地中でもつれた網を「解呪」さながらに丁寧に解きほぐす必要があろう。その手つきをモグラさながらに助けてくれるのが「インターセクショナリティ（intersectionality）」である。

「交差点」に生きる人々の苦しみ

インターセクショナリティとは交差した権力関係や差別の構造を解きほぐすために、法学者のキンバリー・クレンショーが一九八九年に提唱した概念である。彼女は具体例として、一九七六年の判例をとりあげる。被告はGM（ゼネラルモーターズ）、原告は同社を解雇された黒人女性たちである。彼女たちは自分が解雇の対象となったのは差別だと訴えた。しかし、黒人男性が解雇されていないためレイシズムとは見なされず、白人女性も雇用が継続しているため、性差別（sexism）とも受け取られずに、最終的には敗訴した。

クレンショーはこの判決を受けて、黒人女性が生きる「交差点（intersection）」の特殊性に気づく。多種の差別に基づいた「カテゴリーは足し算によって均質に累積されるのではなく、状況に応じて様々な軸が相互に作用して固有の抑圧を生みだし、その存在を抹消してきた」のである。[*3] 彼らの「交差点」では、複数の差別が重なることで、掛け算さながらに強化されているのだ。

＊2　藤原「ドイツ現代史研究の取り返しのつかない過ち」

＊3　清水「交差性と階級概念をめぐる覚書」一九七頁

黒人女性の市民権に関しても同様のことがいえよう。アメリカの女性参政権は一九二〇年に批准されたことが知られているが、黒人は女性も男性もそこからこぼれ落ちた。黒人の参政権獲得は六五年の投票権法の成立を待たねばならない。それに加え、同法の成立に深くコミットした公民権運動のリーダー、マルコムXの暗殺後に結成されたブラックパンサー党は、党員の六〇パーセントを女性が占めていた。にもかかわらず、彼女たちは対外的にはレイシズムを反転させる運動を行い、対外・対内の両面において性差別と闘わねばならなかった。というのは、「その多くは党のメンバーたちによる性的暴行であった」からである。[*4]

アメリカの「交差点」に生きる女性たちの悲しみを遡行すると、やはりセトラー・コロニアリズムと奴隷制にたどり着く。「先住民の女性は三人にひとりが性暴力の被害に遭」い、第七回でもふれたように、アフリカ大陸から運ばれた女性奴隷は奴隷船内でもプランテーションでも、多くが性暴力を受けた。[*5]とりわけ、プランテーション奴隷制の生命線は黒人女性の再生産労働にかかっていたため、「レイプと強制的生殖が国内奴隷貿易を活性化した」。[*6]

先住民女性と女性奴隷は、当初からレイシズムと性差別が重なりあう「交差点」に生きねばならなかった。先住民族にしても黒人奴隷にしても、男性と女性との経験は同じように見えて、内実には大きな隔たりがあったといえよう。

付言すれば、彼らは母国の社会システムや親族・部族からも「よそ者」として売りに出されているのだから、障害やなんらかの要因によって、排除されていた可能性も否定できない。たとえるならば、多方向からのクラッシュ事故が生じた「交差点」で、なにからどう手をつけたらよいのかわからず身動きを封じられたような状態である。

暴力を生み出す絡まった糸を解きほぐす

だからといって、インターセクショナリティは、交差する差別の多寡を計測し、それらを競うための概念ではない。それは「人種、ジェンダー、セクシュアリティ、年齢、ディサビリティ、市民権の不平等な関係によって屈折された、資本主義のグローバルなシステム」を捉えるための方法である。と同時に、我々が『連帯』といった時に、これまで何がそこから抜け落ちてきたか、誰がその中で抑圧されてきたか」を可視化する概念なのである。[*7]インターセクショナリティは個人的な経験の複雑さを解きほぐすにとどまらない。その射程

＊4 ベリー&グロス『アメリカ黒人女性史』二五九頁
＊5 ケンダル『二重に差別される女たち』九〇〜九一頁
＊6 ベリー&グロス『アメリカ黒人女性史』一一六頁
＊7 コリンズ&ビルゲ『インターセクショナリティ』二〇八、三五〇頁

は、国家レベルで交差する権力関係にまでおよぶ。〈パレスチナ／イスラエル／アメリカ〉の関係から浮き彫りになったのは、「植民地支配の暴力が、支配される者たちにとっていかなる暴力であったのか」ということである。[*8]

国連の調査団は、イスラエル軍によってガザ地区とヨルダン川西岸地区のパレスチナ人女性や女児が「性暴力を含む暴力、拷問、虐待、品位を傷つけるような扱い」を受けていることを報告し、それらの行為が「国際人権法および人道法に対する重大な違反」であり、「国際刑事法上の重大な犯罪に相当する可能性がある」と警告した。[*9]

「植民地支配の暴力」もまた、インターセクショナリティによって解きほぐさなければ、我々はその本質を見誤ってしまう。ミサイルによる爆撃や兵士の銃弾も暴力には違いないが、「植民地主義と帝国主義は、レイプを大量虐殺（genocide）の道具として使い、それに大きく依存している」からだ。[*10]

それでは、植民地主義や帝国主義は一体なにを足場として、自らの暴力・抑圧や搾取・収奪を正当化しているのか——「家父長制（patriarchy）」である。

家父長制の共犯者たち

家父長制は、レイシズムや性差別、階級差別を踏み台とする社会構造である。その影響力は私的領域から公的領域に至るまで広範にわたる、と同時に、我々の無意識にまで深く浸透している。それだけに、可視化して解きほぐすのが難しい。

ジェンダー・スタディーズの観点から軍国主義を研究するシンシア・エンローは、「婚姻内や世帯内でつくりあげられ維持される権力関係」が「国家、国民、文化的制度、経済、国際システムにおける家父長制的構造を支える主要な柱」として機能していることを指摘する。[*11]

市民権の平等を目指して運動を展開したアメリカのフェミニズム第一波に続き、第二波の中心人物となったベティ・フリーダンは、「女性神秘主義は、女性らしさという名のもとに、母親から息子へ、そして娘へと受け継がれる受動的で子供のような未熟さを賛美し、永続させてきた」と論じる。[*12]「女らしさ」という神話は女性に沈黙を強制し、娘や息子たちに継承されるたび強化され、社会の隅々にまで女性差別を浸透させてきたのである。

女性差別が社会で表出する類型は大きく二つに分けられる。ひとつが（1）「性差別主義（sex

＊8　岡「ヨーロッパ問題としてのパレスチナ問題」
＊9　UN. "Israel/oPt"
＊10　ケンダル『二重に差別される女たち』九一頁
＊11　エンロー『〈家父長制〉は無敵じゃない』一〇四頁
＊12　フリーダン『新しい女性の創造』二七五頁

ism)」、もうひとつが（2）「ミソジニー（misogyny）」である。[*13]
（1）性差別は、女性に主体性を認めない。女性は自律した存在ではないと認識しているため、幼児と同一視し、フリーダンが述べた「受動的で子供のような未熟さ」を「女らしさ」として当然視する。F・S・フィッツジェラルドの『グレート・ギャッツビー』でギャッツビーが思いを寄せるデイジーは、女性が生きていくには「きれいで、頭の弱い娘（a beautiful little fool）」でいるのが一番だと語り、その理想を自ら体現する。[*14] 彼女はいわば「女らしさ」を〈乱用／悪用〉することで保身に努める一方で、家父長制を強化してきた体制との共犯者でもある。
（2）ミソジニー（女性嫌悪・憎悪）は、女性に主体性を認める。が、あえてそれを侵害し、女性を思いどおりにコントロールしようとする。かつて日本オリンピック委員会（JOC）の会長が「女性がたくさん入っている理事会の会議は時間がかかります」と得意然と語り、国内外で厳しい批判にさらされた。その後、彼は「昨夜、女房にさんざん怒られた。（中略）今朝は娘にも孫娘にもしかられた」と釈明した。[*15]
「ミソジニストは、姉妹、娘、妻、ガールフレンド、秘書はもちろんのこと、母親を愛することができる。彼らは女性を普遍的に、あるいはごく一般的に憎む必要はない。彼らは、とりわけ率直な女性を嫌う傾向がある」。[*16] 問題は、会議で発言を行う「率直な女性」に対する態度にあった。釈明が釈明として受け取られず、辞任に追い込まれたのも当然のことであった。

家父長制が強化するジェンダー二元論

家父長制において、一定の「らしさ」を強要されるのは女性に限らない。男性もまた継承・強化されてきた「男らしさ」を実現することで家父長制を強化し続けてきた。

ジェンダーやセクシュアリティの観点からアメリカ史を研究するマイケル・ブロンスキーは、「近代社会の確立とは、マイノリティ集団の創出に基づいていた」と喝破する。[*17] 彼が語る「マイノリティ集団」とは、言い換えれば「らしくない」集団であり、フリーダンが批判した「神話」から主体性を回復しようとする人々の謂いである。

ブロンスキーはアメリカ特有の「男らしさ（masculinity）」の起源を革命期に求める。フロンティアでは「大胆で、素朴で、活動的で、戦いをおそれず、自己主張することに前向き」なことが、生き残るために最低限必要な条件であった。[*18] だがしかし、その「男らしさ」こそが先住

＊13　マン『ひれふせ、女たち』八五頁
＊14　フィッツジェラルド『グレート・ギャツビー』三九頁
＊15　BBC「東京五輪組織委の森会長、辞任へ」
＊16　マン『ひれふせ、女たち』五二頁
＊17　ブロンスキー『クィアなアメリカ史』三六頁

民族へのレイプを促進し、苛烈なジェノサイドを生んだことを肝に銘じねばならない。

続けてブロンスキーは、二〇世紀の「アメリカ的男らしさの象徴となった」人物として第二六代大統領セオドア・ローズヴェルトを挙げ、彼の「頑丈な男らしさと異性愛主義と白人性の融合」が「市民権（citizenship）」の基準になっていたと論じる。[*19] 指摘するまでもなく、その基準を裏で支えるのはレイシズムと性差別である。

また、ケアの倫理を研究する心理学者キャロル・ギリガンは、「家父長制において、男であるということは、女でないだけでなく、その秩序の上に立つことを意味する」と論じる。[*20] 家父長制が強化するジェンダー二元論は、本来ならばグラデーションとして捉えるべき性別をクリアカットに二分し、男性には一元的な「男らしさ」を強制すると同時に、直線的な家父長制ヒエラルキーの上に立つことを要請する。

「女らしさ」同様、「男らしさ」においても、自己の主体性は当初から存在しないものとみなされるか、あったとしても家父長制ヒエラルキーによる抑圧で蹂躙されるのみである。「家父長制はまず男性が自分自身を沈黙させることから始まるのだ」から、至極当然といえよう。[*21]

「男らしさ」に則った沈黙も「女らしさ」同様に、世代をまたぐたびに強化され、さらなる沈黙を呼ぶ。そうすることで築かれた構造はいつしか偽りの「自然」として社会の深部に定着する。

ボトムが獲得してきた真理

だからこそ、ブラック・フェミニズムの旗手ベル・フックスは、第三波フェミニズムがいささかアカデミックなロゴスに寄りすぎたとの反省のもとに、フェミニズムを「性にもとづく差別や搾取や抑圧をなくす運動のことだ」とシンプルに捉え直し、その射程をすべての人間に拡張したのだ。[*22]

歴史学者ケイシャ・ブレインは、黒人の女性たちが当初からアメリカの民主主義のために闘ってきたと語り、次のように論じる。

黒人の女性たちは、**レイシズムや性差別、階級差別など、複数の交差する抑圧**を背負い、周縁化された立場にいる。そのため、私たちの社会の不正義と闘わざるをえない、固有の生を生きている。彼女たちは、**人種やジェンダーのヒエラルキーでボトムに位置するグル**

＊18 ブロンスキー『クィアなアメリカ史』五一頁
＊19 ブロンスキー『クィアなアメリカ史』一八二〜一八三頁
＊20 ギリガン『抵抗への参加 フェミニストのケアの倫理』二三頁
＊21 ソルニット『わたしたちが沈黙させられるいくつかの問い』三九頁
＊22 フックス『フェミニズムはみんなのもの』八頁

ープとして、完全な市民権や人権を持たずに生きるとは一体どういうことなのか、おそらく誰よりも深く理解してきた。黒人女性は、自分たちのための自由のビジョンを明確にすることで、**すべての抑圧された人々の解放**を提唱している。

Keisha N. Blain. "From the very beginning, Black women have fought for American democracy," MSNBC, Feb. 25, 2024　訳・強調は引用者

人類にとっての福音は、常に周縁化されたボトムからもたらされる。中心は放っておいても目に飛び込んでくるし、トップ層の声はやたらと大きいから、どこにいても耳に入ってくる。しかし、いつの時代も、我々が意志的にまなざすべきは視界から押し出されそうな周縁であり、耳を傾けねばならないのはボトムから響く悲鳴である。「両論併記が倫理的に許されない場面が、この世界には存在する」のだ。[*23]

アメリカは、もう動いていない

ブレインが用いた「階級差別（classism）」という言葉を意外に感じるむきもあるかもしれない。というのも、国家としてのアメリカは、第一六代大統領リンカーンの立身出世を表す「丸太小屋からホワイトハウスへ（from log cabin to White House）」のフレーズにも見られるように、あくま

で王侯貴族が存在しない「共和国」として誕生し、今日もその政体を保っているからである。

しかしアメリカは、レイシズムや性差別だけでなく、グローバルな資本主義体制によって確固とした「階級」を生み出していた。フランスの経済学者トマ・ピケティは、広範なデータベースをもとに、ヨーロッパとアメリカの社会的モビリティ（流動性）を比較し、次のように論じる。

> …米国の社会的モビリティは、ヨーロッパの階級に縛られた社会に比べて例外的に高いことになっていた。（中略）だが20世紀のほとんどを通じて、そして今なお、手持ちデータによれば**社会的モビリティは、ヨーロッパより米国のほうが低い**ことを示している。
> この事実について考えられる説明のひとつは、**米国の最高エリート大学に入るためには、きわめて高い学費を払わねばならない**というものだ。
>
> トマ・ピケティ『21世紀の資本』山形浩生、守岡桜、森本正史訳、みすず書房、二〇一四年、五〇四頁、強調は引用者

第二次産業革命が起こり、第九回で光嶋さんがふれたT型フォードが日の目を見るころには

＊23　重田『真理の語り手』一八五頁

すでに、アメリカの社会的モビリティは「階級」並みに固定化されつつあったのである。それでも近代以降は、教育によって社会的モビリティが促進されるのが常であった。

だが、ピケティが指摘するように、今日のアメリカの学費はかなりの高額である。たとえば、アメリカ最古の大学ハーバードは二〇二三〜二四年の学費として七万九千四五〇ドル（寮費込）、IT関連のイノベーターを多数輩出するスタンフォード大学は学部の授業料として一クォーター当たり二万五七七ドルという額面をウェブサイトに掲載している。

ピケティはアメリカの大学の学費が一九九〇年代から大きく値上がりしたことに加え、それが高所得者層の所得増加と連動していることを指摘する。教育さえ特定の富裕層に資する直線的なポリシーは、アメリカ社会の「階級差別」に拍車をかけつつある。その動向を最前線でバックアップするのがグローバルな植民地主義と帝国主義であり、それらを公私の領域にわたって陰で支えているのが家父長制なのである。

これらの強固な社会構造の延長線上に〈パレスチナ／イスラエル／アメリカ〉の関係性があることを、決して忘れてはならない。

現代アラブ文学研究者の岡真理氏は、アメリカ国内の「イスラエル・ロビー」の資金力が有する影響力がどれだけ甚大であるかを語り、議題がことイスラエルに関する限り、賛否を含めて「すべては国内の選挙戦の延長」に成り下がっていることを指摘する。[*24] 権益を特定の層へ一直線に分配することで、巨大な票田を総取りしようとする「階級社会」に、おそらく未来はない。だとすれば、我々の道途はどちらにあるのだろうか。

「交差点」に立ち、坑道を掘り進めよう

カリブ海の思想家たちは一元的かつ直線的な支配や権力関係を忌避し、潮の流れに身を委ねた。そうして、海面下で円環しながら、相互作用の過程で多元的に統一されあう詩学をうち立てた。

それに比して、アメリカの大地は、社会的モビリティが著しく低下したことで、かちかちに固まってしまった。地中の「交差点」で身動きがとれなくなった人々の存在は、地上で暮らす人間たちはもちろん、地中に生きるモグラにさえ感取できないかもしれない。たとえモグラが感知したとしても、その手つきではすでに太刀打ちできないかもしれない。

日本に関していえば、実のところアメリカよりも経済格差が拡大している。直近でいえば、アメリカの相対的貧困率が一五・一パーセントであるのに比して、日本は一五・四パーセント。[*25] 「階級」社会のアメリカをわずかながら上回る。

＊24 岡『ガザとは何か』一九一～一九二頁
＊25 日本経済新聞「相対的貧困率とは」

我々がまず取り組むべきは、自分たちの足下で岩盤状に固められた大地をボトムの「交差点」から攪拌し、「階級差別」を攪乱することである。その取り組みを継続しながら、いまだに根強く残る家父長制を弱化せねばならない。我々の日常の営みこそが、植民地主義と帝国主義の解体をもたらしうるのである。

そのために我々は、アンダーソンとカリブ海の思想家たちにならい、モグラたちによる「抵抗と連帯の詩学（a poetics of resistance and solidarity）」を立ち上げよう。

一人ひとりが往来にとどまって、「交差点」からの声に耳をすませるのだ。悲鳴が聞こえてきたら、そちらへ向かってうねうねと坑道を掘り進めればいい。四方八方から掘削すれば、痛苦にあえいでいた仲間もいつかは暴力や抑圧から解放され、「自由」を手にする日がきっとくる。もしかしたら、しばらく休息して回復したのち、同志モグラになってくれるかもしれない。沈黙や服従は伝染しがちだけれど、「勇気と声をあげることだってそうだ」から。[*26]

モグラの手つきで連帯するということ

なかには、あまりに必死で掘るうちに、自分の手で仲間を傷つけてしまうのではないかと恐れる、ケア精神あふれる同志がいるかもしれない。けれど、それは杞憂だ。

「交差点」へたどり着ける保証もない中、いつ崩落するともしれない坑道を這いつくばって掘り進めてきたあなた自身が、すでに満身創痍なのだから。

あなたの傷だらけの手ほどやわらかな手つきは、この世に存在しない。誰をも傷つけようがないどころか、できるのは「手当て」くらいだ。仲間もあなたもお互いに「手当て」しあって、その記憶を糧に、またそれぞれの坑道を進んでいけばいい。あなたたちの「手当て」は、きっとほかのモグラたちにも伝染するだろう。

仲間と「手当て」しあった記憶さえ残っていれば、あなたはきっと、自分の足下にとどまらず、海底下の固い岩盤だって、海溝下のプレートだって掘り進められる。国境に壁があろうとなかろうと、あなたを止めるものはない。「交差点」に向かって、ぐねぐねと地球の裏側まで坑道を掘り抜いていこう。そこから新たな連帯が生まれるだろう。

パレスチナはもちろん、イスラエルやアメリカの「交差点」から痛苦にあえぐ声が聞こえてきたら、そちらへ向かって臆せず掘り進めるのだ。「交差点」に置き去りにされた存在はすべて同志だ。レイプや銃弾、ミサイルは溝を深める。けれど、地中で「手当て」しあった記憶は、世代や国境を超えて連帯の旗印となるだろう。

いつか限界がやってきても、心配はいらない。あなたが倒れたら、悲鳴を聞きつけた仲間があなたの坑道を這いつくばってやってくるだろう。そのときは存分な「手当て」のもとに、ゆ

＊26　ソルニット『わたしたちが沈黙させられるいくつかの問い』九六頁

っくり休息をとろう。そのあいだも、きっと仲間が穴を掘り進めてくれる。

回復したあと、もはや「交差点」からの声が聴き取れないくらい、身体の機能が低下しているかもしれない。そうなれば、あなたが長年かけて培った感覚をもとに、身の回りだけを全身で掘り進めよう。あなたがぐるぐると円環状に耕せば、土壌はふかふかになり、抑圧されたすべての人々のための大地が再生されるだろう。

全力で掘り進めながら、いつのまにか息絶えてしまったとしても、何の心配もいらない。あなたが傷だらけの手で掘削した坑道で、仲間が軌道工事を始めるだろう。

豊かな土壌を作るトウモロコシの粒として

あなたはゆったりと、しばし肥沃な大地と融け合って、トウモロコシの粒の弟になる。トウモロコシの粒になったあなたは、「交差点」から地上へ這い上がった人々の肉体を養うだろう。

生の循環を経て、またモグラになることがあれば、そのときは、かつてあなたが掘り進めた坑道に「交差点」と「交差点」を結ぶ地下鉄道が走っているだろう。

循環を重ねて、ふたたびモグラになったとき、もう「交差点」には誰もおらず、地下鉄道さえ廃線になっているかもしれない。そのときは、地上に這い上がって教育にかかわろう。エドワード・サイードが病床で語ったように、「真の変化」が起こるとすれば、ゆっくりじわじわと「教育を通してのみ」なのだから。[*27] そして、つらいかもしれないけれど、「交差点」がどのように出来し、いかに周縁化されていったかを思い出し、その記憶をトウモロコシの粒に変えて、地上の隅々にまで播種しよう。

我々がもう二度と「交差点」を生み出さぬように。そして、国家や共同体が「交差点」の記録を決して抹消できないように。お互いにふれあい、恐る恐る「手当て」しあった記憶を、モグラの手つきでたどりながら。

＊27　サイード『ペンと剣』一四七頁

引用・参考文献

ＢＢＣニュース「東京五輪組織委の森会長、辞任へ　女性蔑視発言問題で」二〇二一年二月一一日
MSNBC "From the very beginning, Black women have fought for American democracy" February 25, 2024
United Nations. "Israel/oPt: UN experts appalled by reported human rights violations against Palestinian women and girls" February 19, 2024
シャーウッド・アンダーソン『シャーウッド・アンダーソン全詩集』白岩英樹訳、作品社、二〇一四年
ダイナ・レイミー・ベリー、カリ・ニコール・グロス『アメリカ黒人女性史』兼子歩、坂下史子、土屋和代訳、勁草書房、二〇二二年
マイケル・ブロンスキー『クィアなアメリカ史』兼子歩、坂下史子、髙内悠貴、土屋和代訳、勁草書房、

二〇二三年
パトリシア・ヒル・コリンズ、スルマ・ビルゲ『インターセクショナリティ』小原理乃、下地ローレンス吉孝訳、人文書院、二〇二一年
シンシア・エンロー『〈家父長制〉は無敵じゃない』佐藤文香監訳、岩波書店、二〇二〇年
スコット・フィッツジェラルド『グレート・ギャツビー』村上春樹訳、中央公論新社、二〇〇六年
ベティ・フリーダン『改訂版 新しい女性の創造』三浦冨美子訳、大和書房、二〇〇四年
キャロル・ギリガン『抵抗への参加 フェミニストのケアの倫理』小西真理子、田中壮泰、小田切建太郎訳、晃洋書房、二〇二三年
ベル・フックス『フェミニズムはみんなのもの　情熱の政治学』掘田碧訳、エトセトラブックス、二〇二〇年
ミッキ・ケンダル『二重に差別される女たち　ないことにされているブラック・ウーマンのフェミニズム』川村まゆみ訳、DU BOOKS、二〇二一年
『WOMEN 女性たちの世界史大図鑑』ホーリー・ハールバート他監修、河出書房新社、二〇一九年
ケイト・マン『ひれふせ、女たち』小川芳範訳、慶應義塾大学出版会、二〇一九年
トマ・ピケティ『21世紀の資本』山形浩生訳、みすず書房、二〇一四年
エドワード・W・サイード『ペンと剣』デーヴィッド・バーサミアン聞き手、中野真紀子訳、ちくま学芸文庫、二〇〇五年
レベッカ・ソルニット『わたしたちが沈黙させられるいくつかの問い』ハーン小路恭子訳、左右社、二〇二一年
岡真理『ガザとは何か　パレスチナを知るための緊急講義』大和書房、二〇二三年
岡真理「ヨーロッパ問題としてのパレスチナ問題―ガザのジェノサイドと近代五〇〇年の植民地主

義」長周新聞、二〇二四年二月二二日
重田園江『真理の語り手』白水社、二〇二二年
清水知子「交差性（インターセクショナリティ）と階級概念をめぐる覚書」『現代思想二〇二二年五月号』一九六～二〇六頁
中村達『私が諸島である　カリブ海思想入門』書肆侃侃房、二〇二三年
「相対的貧困率とは　日本一五・四%、米英より格差大きく」日本経済新聞、二〇二三年一一月一九日
藤原辰史「ドイツ現代史研究の取り返しのつかない過ち―パレスチナ問題軽視の背景」長周新聞、二〇二四年二月二三日

13

自然と対峙した完全芸術家のまなざし　—　光嶋裕介

二〇二四年三月二五日

大判の作品集のページがボロボロになるまで見ていた憧れの建築を、実際に訪れたときの感動は大きい。

鬱蒼とした森の中に垂直に立ち上がる石積みの壁と、水平に広がる上品なクリーム色のテラスのコントラストが、ひときわ端正な輝きを放っていた。その圧倒的な浮遊感は、水平に連続する赤枠にはめ込まれたガラスの広がりからよりも、川のせせらぎや風で揺れる木々の音からより強く感じられた。鳥のさえずりも心地よく響く。まわりの自然を五感で受け止めて、パッと自らに同化できる一体感が《落水荘》にはあった。

ペンシルベニア州ピッツバーグ郊外の森の中にある小さな滝の上。流れるベアラン川にせり出すように建つ、とても大胆な建築である。ピッツバーグの百貨店を経営する富裕層のエドガー・カウフマンは、自邸の設計を六九歳の建築家フランク・ロイド・ライト（Frank Lloyd Wright）に依頼した。

「滝の上に家を建てる」というダイナミックな閃きを、実際にやり切ったことが、まずすごい。普通なら、たとえ頭に思い浮かんでも、すぐ諦めてしまいそうなアイディアである。しかも、カウフマンファミリーが週末によくピクニックしたという大きな岩に案内されたライトは、そこを家の中心であるリビングの暖炉にするという直感も、決して手放さなかった。敷地とのファーストコンタクトで見えた淡いアイディアを信じて設計を進めるセンスと強靭な信念が、ライト建築の強度を生み出している。

一八六七年に牧師の父ウィリアム・ライトと母アンナの長男としてウィスコンシン州に生まれ、一九五九年に九一歳で亡くなるまで、フランク・ロイド・ライトは建築家として圧倒的な質と量の仕事を成し遂げ続けた。

ライトの壮絶な人生を見ていると、建築家が後世に残る仕事をするためには、長生きすることが絶対条件であるかのように思えてくる。まさに二〇世紀の古き良きアメリカを代表する世界的な建築家であり、アメリカの建築文化における近代化の土壌をつくったナショナル・アーキテクトである。

「建築を環境として、用いられる素材の本性として、自然の事物そのもの――その成り行きと成り立ち――に潜む形式と比例として学ぶことが必要だ。自然は偉大な教師である」[*1]とは、ライトの言葉だ。

自然から学んだ彼が提唱した「有機的建築（Organic Architecture）」もまた、建築と自然の関係を徹底的に探究することで辿りついた、建築家としてのしなやかな哲学といえる。

自然との交わりが与える内なる喜び

広大な自然と対峙して形成されたライトの感性は、晩年の生活拠点であり、設計スタジオでもあった《タリアセン・ウェスト》（一九三七）にも、遺憾なく発揮されている。グランドキャニオンにほど近い砂漠の中に建てられたその建物は、鉄やガラスといった近代的な素材が、その場の岩とまさしく有機的に融合・調和し、強い存在感を放つ。

崇高なまでに巨大な自然が広がるアメリカ。ライトの自然観の根底には、白岩さんが第一回で取り上げた一九世紀の思想家ラルフ・ウォルドー・エマソンの思想が、静かに流れている。自然を探究し続けて超絶主義を先導し、多くのフォロワーを生み出したエマソンは、主著の『自然について』の中で次のように述べている。

われわれは、天地の創造が完全であることを信頼しなければならない。そのために、自然の秩序が、われわれの心にひきおこす好奇心は、すべて、自然の秩序が答えてくれると信ずるほどである。

エマソン『自然について』斎藤光訳、日本教文社、一九九六年、四五〜四六頁

ここで、彼は自然が完全であると信じることを要請する。そして、「荒涼とした土地に立ち、頭を爽快な大気に洗わせ、無限の空間のなかにもたげる時、すべてのいやしい利己心は、なくなってしまう。私は透明の眼球となる。私は無であり、一切を見る。『普遍的存在者』（神）の流れが私のなかを循環する。私は神の一部である」[*2]と書く。エマソンは自我を消し、自然とシームレスに同化した状態に神を見るのである。

また、「野と森とが与えてくれる最大の喜びは、人間と植物との間の不思議な関係を暗示してくれる点にある。私は孤独で、無視された存在ではない。木や花は私にうなずき、私も彼らにうなずく。あらしにゆれる木の枝は、私にとり新しいものであり、また古なじみのものである。（中略）この喜びを生み出す力は、自然のうちにあるのではなく、人間のうちに、あるいは自然と人間の調和のうちにある、ということは確かである」[*3]と力強く記している。

＊1　フランク・ロイド・ライト『自然の家』富岡義人訳、ちくま学芸文庫、二〇一〇年、一三五頁
＊2　エマソン『自然について』五〇頁
＊3　エマソン『自然について』五一頁

私が落水荘で感じたあの浮遊感もまた、エマソンのいうところの自然との交わりからくる、内なる喜びの発見だったのかもしれない。自然とのかかわりにおいては、利己心や自我をなくした謙虚な姿勢が大切であり、自然に対する畏敬の念を抱くことは、とりわけ建築家にとって大事なスタンス（構え）のように思えてくる。

いささか唐突かもしれないが、私は合気道の稽古で、空間を身体で思考しながら、いつも似たようなことを考えている。「氣を合わせる」とは、見えないものを感じることであり、対象に執着せず、環境とも対立しないことを意味する。これは、言うは易しだが、実践するのはとても難しい。皮膚感覚を開き、対象としなやかに同化していくと、心地よい一体感が得られる。肺の奥まで空気を吸い込んで、心を透明にすると、徐々に身体が調ってくる。私は常々、そのように無心になって自然と対峙したいと考えている。

自然と向き合うことは自分と向き合うこと

エマソンは、自然を考える際の「孤独」についても書いている。

孤独のなかに入るためには、人間は、社会からしりぞくと同じように、自分の部屋からもしりぞかなくてはならない。私が読んだり、書いたりしている間は、たとい誰も私と一緒にいなくても、私は孤独ではない。

前傾書、四八頁

このエマソンの思想を実践したのが、弟子のヘンリー・デイヴィッド・ソローだ。彼は経済原理に取りつかれ始めた都市を離れ、マサチューセッツ州コンコードにあるウォールデン池のほとりの森の中に、小さな小屋をセルフビルドした。そこで彼は二年二か月にわたり、俗世間から距離を置き、簡素な自給自足生活という実験を行った。それは孤独の中で自然と静かに向き合うため、自然と同化するようにして、自分自身と向き合うための実験だったのである。

森での生活を詳細に記した『ウォールデン』に、「高尚な法則」と題した文章がある。

漁夫や狩人や木樵など、野や森で暮らしている人びとは、独特な意味で彼ら自身が「自然」の一部だから、期待をいだいて『自然』に近づく哲学者、あるいはいっそ詩人よりも、仕事の合い間に『自然』を観察するにはいっそう好都合な気分になれることが多い。彼らになら『自然』は恐れることなく自分を開いて見せてくれる。（中略）科学にぼくらがもっとも興味をそそられるのは、自然の中で暮らす人びとがあらかじめ生活の知恵として、あるいは本能的に知っていることを科学が報告してくれるときだ。それでこそ真の人間学であり、つまり人間経験の記述だからだ。

ヘンリー・D・ソロー『ウォールデン』酒本雅之訳、ちくま学芸文庫、二〇〇〇年、三一九頁

私たちは日々、自然と対峙しながら無意識のうちに世界と交わり続けている。ソローは「自分の部屋」を出て、草木と戯れながら自然を深く観察し、学んだ。「おわりに」では、ソローがそのように完全な自然と孤独に向き合う森の生活を通して辿りついた学びの本質が、ストレートに説かれている。

暮らしを単純化して行けばいくほど、宇宙の法則は以前ほど複雑とは思えなくなり、孤独も孤独ではなく、貧しさも貧しさではなく、弱さも弱さではなくなってくる。

前傾書、四八七頁

レーモンドが見つけた空虚の先の喜び

一九二三年九月一日に起きた関東大震災は、奇しくもフランク・ロイド・ライトが初めて日本で設計した《帝国ホテル》の開業日でもあった。しかし大谷石でつくられたこの名建築は、大きな被害もなく開業し、一九六七年に老朽化のために幕を下ろすまで、「東洋の宝石」と称

されて多くの人に愛された。

このときライトの助手として日本に来たのが、ライトの設計スタジオ「タリアセン」で働いていた建築家のアントニン・レーモンドである。オーストリアで生まれたレーモンドは、帝国ホテル竣工後も日本に残り、この国のモダニズムを牽引した。戦後アメリカに帰国した時期もあるが、晩年は再度日本に戻ってきており、半世紀にわたる日本での暮らしがレーモンド建築の真髄となった。

「日本建築について」と題す随筆には、こう書かれている。

> 実に人生とはそこにかくされた意義を求める劇であり、実景でもある。人間はその意義の探求に生き、あるいは理解できる真実を、生活に反映させようとためす。最上の居心地は、家の中にあるのではない。
>
> アントニン・レーモンド『私と日本建築』三沢浩訳、鹿島出版会、一九六七年、一二頁

レーモンドもまた、エマソンやソローに通じる姿勢で、安住する家（home）から飛び出す勇気を持って、動き続けた人である。オーストリアから移民としてアメリカへ渡り、さらに日本という新たな外部に導かれたレーモンドは、家を出て、「かくされた人生の意義」を真摯に探求し続けたのである。

「すべてを取り去った時、残る本質と原理とが、日本の魅力の源である」[*4]とレーモンドは言う。

日本の部屋は空虚である。椅子はなく、人は低い卓子を持ち出し、必要なものは、必要に応じて押入れから取出される。（中略）部屋は、空間と、住む人のこころのみが占有する。（中略）それが家であっても、椅子でも、庭でも、所有者の喜びそのものなのである。日本人は、大自然そのもののように、創造することに喜びを感ずる。

前傾書、一六〜一七頁

白岩さんは、第一回の最後で、ソローの小屋にあった三脚の椅子について書いた。アメリカから来たライトの弟子のレーモンドが見た日本建築には、空席はなかった。むしろ、部屋そのものが「ヴォイド（void）」であったように感じたのである。レーモンドはそこに、これから満たされる豊かな可能性へのまなざしを発見したのだ。空虚《ヴォイド》をまなざす先には、いつも「創造する喜び」があった。

つくりながら考え、変容する

創造する喜びは、なにも建築家に限ったものではない。ここで（一八八八年生まれのレーモンドに対して）一九〇四年に生まれた彫刻家イサム・ノグチに登場してもらおう。
ノグチは、日本人の父とアメリカ人の母の間に生まれて、レーモンドとは違った意味で生涯ふたつの国の間を葛藤しながら往来し続けて創作した彫刻家である。生前、ニューヨークと四国の牟礼にアトリエを構え、今ではそれらが共に美術館として公開されている。
ノグチは、一九四六年の「一四人のアメリカ人展」の出品作に次のような文章を添えている。

ぼくにとって彫刻の本質とは空間の知覚、ぼくらの存在の連続体である。ぼくらの視覚の相対的な視野のなかにヴォリューム、線、点があり、それらが空間、距離、プロポーションをあたえるように、大きい小さいはすべて空間の尺度にすぎない。動き、光、時間そのものもまた空間の特質である。

イサム・ノグチ『イサム・ノグチ　エッセイ』北代美和子訳、みすず書房、二〇一八年、一九頁

そして、「成長という言葉でぼくは生と調和した変化を意味している」[*5]といい、「空間を秩序立て、生命を吹きこみ、それに意味をあたえるのは彫刻家である」[*6]と締めくくっている。

＊4　レーモンド『私と日本建築』一六頁
＊5　ノグチ『イサム・ノグチ　エッセイ』一九頁

抽象的な石彫作品で知られるノグチは、実は素材を選ばない彫刻家であった。金属を加工することも、木彫によるステージデザインをすることもあり、ベストセラーとなった和紙製の照明プロダクトまでつくっている。

多くの建築家とも協働したが、とりわけ日本を代表する建築家の丹下健三に声をかけられて原爆投下後の広島でつくったふたつの橋のデザインは、異彩を放っている。《つくる》と《ゆく》と題され、生と死をテーマにした二本の橋は、それぞれの欄干の先端に地球のような球体がついていたり、舟のように反り上がっていたりと、特徴的な造形をしている。

当初丹下は、橋だけでなく、自身が設計する平和記念公園の中心に据えられる慰霊碑のデザインも、ノグチに依頼していた。しかし、母親がアメリカ人のノグチには、原爆を落としたアメリカの血も流れている。そんなノグチに平和を祈る慰霊碑をつくらせて良いのかとの批判から、結局ノグチ渾身の彫刻は採用されず、丹下自身が慰霊碑をデザインすることとなった。

このときのノグチの引き裂かれる心持ちを想像すると、国家と芸術のあり方について言葉にならない感情が湧いてくる。今ならたとえば、ヒロシマではなくて、むしろアメリカのニューメキシコ州・ロスアラモスにこの慰霊碑をつくるというのは、どうだろう。ロスアラモスといえば、オッペンハイマーが主導した原子爆弾開発「マンハッタン計画」が遂行された研究所のあった場所である。

ノグチは、常に自然との調和を求めて作品をつくりながら考え、成長のための自己変容を繰り返した芸術家である。それは、作風が変わるという表現の問題ではなく、つくる姿勢、つくる意味を問い続ける魂の問題といえる。

われわれの解釈が変化しても、普遍的な真理は残る。同じ変化のない現実をよりよく反映するために、彫刻その他の芸術は永遠に変化しなければならない。われわれの時代の概念にふさわしい精神的発展と表現とともに、現実の感情的な内容に声をあたえるという使命を、ぼくはアーティストの責任ととらえている。

前傾書、三六頁

私は学生時代、四国の牟礼にあるノグチのアトリエを訪れたとき、ノグチが六八歳でつくった彫刻《エナジー・ヴォイド》(一九七二)に心を奪われた。「やっと会えたね」と無言で語りかけられた気がして、しばし作品の前で動けなくなってしまった。

その少し青みがかった艶消しの巨大な黒御影石は、民家の中にひっそりと呼吸するように息づいていた。どこか母性的で安心感のある円弧に彫られた大きな彫刻の前に立つと、生命力が

＊6　ノグチ『イサム・ノグチ　エッセイ』二二頁

ヒシヒシと伝わってきて、その空隙にスーッと吸い込まれそうになり、しばらく動けなくなったのだ。ここちよい沈黙の時間が、ゆっくりと過ぎていく。

後になって気がついたのだが、私が《エナジー・ヴォイド》に強く惹かれたのは、その前にニューヨークのノグチ・ミュージアムで観たとある作品に、どことなく似ていたからだった。無意識に連想したからこそ、初めて観るのに懐かしいという感情が芽生えたのかもしれない。それは、《エナジー・ヴォイド》が地面にグサッと半分ほど突き刺さったような作品だった。そして、それこそが、ノグチが一九五一年に広島のために考案した慰霊碑を、一九八二年に改めて作品化したものだったのである。

これらふたつの作品には、アメリカと日本の間で葛藤し、芸術の意味を切実に探求し続けたノグチの強い哲学が滲んでいる。

革命はなにかへの反抗でなければならず、したがって本質的にショッキングでなければならないということだ。いまでは、かつて芸術からのもっとも根本的な逸脱だと考えられていたことがアメリカ各地の大学でありきたりのものとして教えられ、そしてぼくらのもっとも創造的な魂の最新の創作がただちにニューヨークの銀行新社屋の装飾として購入される時代がきている。

前傾書、五〇～五二頁

芸術の革命家だったノグチは、資本主義にすっかり飼い慣らされてしまっている芸術に疑問を呈した上で、次のように宣言する。

ぼくにとって完全な芸術家とは、みずからの芸術がさらに含意するものの探究に身を捧げる芸術家だ。

前傾書、五四頁

ぼくらは美を愛したいと思っているか

最後に、またエマソンを引こう。自然の完全性を信じ、人間のもっとも高尚な欲求が「美を愛したい欲求」だと述べたエマソンの言葉は、ノグチとも美しく共鳴する。

人間の心に研究の用意があるならば、対象を探し求める必要はないであろう。平凡なもののなかに、不可思議なものを見ることは、英知の変ることのない特質である。

エマソン『自然について』一一一頁

芸術作品の制作は、人間性の神秘に、光を投ずる。芸術作品は、世界の抜粋であり要約である。

前傾書、六二頁

私たちの世界の捉え方は、自然との対峙の仕方に表れる。だとしたら、私たちの心は今、ソローのように美を愛したいと素直に欲求していると言えるだろうか。レーモンドのようにヴォイドの美を発見できているのだろうか。ノグチのように、世界をよくする変化を促す美しい光を投じられているのだろうか。

エマソンの思想を継ぐノグチの作品は、ヒロシマにつくられることはなかった。私たちは、完全芸術家のノグチから託された重たいバトンを未来へとちゃんとつながなければならない。先達たちのまなざしを頼りに不確かな世界で歩を進めることは、「研究の用意さえあれば」決して孤独ではないのだから。

14

「ちょうどよく」とどめる精神で ―― 青木真兵

二〇二四年四月二三日

幼い頃から「戦争」というものに関心があった。

一口に戦争といっても、さまざまな側面がある。兵器か軍隊か。国内政治か銃後の生活か。国際政治や戦地での日常について……こう列挙してみると僕の関心が見えてくる。やはり軍人として戦地に赴くこと、日常のルールが一気に変わってしまうことに興味があったのだと思う。それは自らの意志が尊重されず、半ば強制的に戦いに駆り出されることを意味するからだ。

沖縄戦の衝撃

印象に残っているのが、明石家さんまが主演していたドラマだ。調べてみると「さとうきび畑の唄」というタイトルで、二〇〇三年九月にTBS系で放送されたスペシャルドラマだという。二〇〇三年というと僕が大学二年生のときなので、思ったより小さな頃ではなかったのだなと思う。

タイトルからもわかるように、太平洋戦争下での沖縄や沖縄戦を描いたドラマである。そういえば二〇〇三年の春、大学の歴史学科に入って出会った友人たちと沖縄に旅行に行った。友人のお父さんが沖縄に赴任中で、その家の一室に泊めてもらった。

歴史に関心のある僕たちは戦争の史跡を巡ろうと、まずは近くにあった那覇市豊見城の旧海軍司令部壕へ行った。ここは沖縄戦における大日本帝国海軍の司令部として使用された防空壕で、司令官・大田實少将をはじめ多くの兵士が自決した場所だった。壕内の壁には、人びとが手榴弾で集団自決した弾痕が残っていて、言葉を失ったことを記憶している。

いきなり大きな衝撃を受けた僕たちは、続いて糸満市にある沖縄県平和祈念資料館へ向かった。本当はひめゆりの塔にも行く予定だったのだけれど、そんな余力はなかった。自分のいる土地が戦場になるということは、どういうことなのか。資料館で詳細な資料に触れ、現場で実際の空間を体感した僕たちの精神は、完全に疲弊し切ってしまったのだ。

青く澄んだ空と海、強い日差しとゆるやかに流れる空気とのギャップもキツかった。まさかこんな美しい場所が、戦場になることがあろうとは。もちろん情報としては知っていた。しかし、実際に沖縄の青い空の下に立ち、地中に掘られた薄暗い壕に入り、当時の人びとが使っていた道具類の展示を目にすると、ぼんやりとイメージしていた太平洋戦争末期の日本国民の姿が、鮮やかに立ち上がってきた。物資が枯渇する中、いつ飛んでくるかもわからない銃砲弾に息を潜め、精神力だけを頼りに生き抜かざるを得なかった人びとの姿が。

竹槍か、大量の物資か

敗北した大日本帝国の象徴の一つが「竹槍」だろう。

太平洋戦争末期、日本はほぼ本土決戦の局面にあり、物資や資源が極めて不足していた。もちろん竹槍は、実際の武器として役に立つものではない。つまりこれは、「一億総玉砕」を掲げる国民精神の高揚や統制の象徴であった。銃や弾薬に欠く日本軍が、原始的な武器である竹槍を国民に手にさせ、訓練を行う。装甲や火力で直接侵攻してくる敵とも素手で戦うという、国民の最後の覚悟を示すものだったのである。

確かにこの状況は滑稽に見えるだろう。象徴とはいえ、こんな貧弱な武器で戦おうというのだ。明らかに狂っている。もうすでに精神力にしか頼ることができなくなっている時点で、戦争の継続は間違っていた。それは確かに正しい見解である。

その正しさを踏まえた上で僕が思うのは、アメリカ軍の「大量の物資」でもって相手を制するというあり方も、批判の対象になるべきではないかということだ。

戦争の長期化が生んだ「力ずく」という戦い方

アメリカ文化研究者の生井英孝は、この戦争を以下のように述べている。

　第二次世界大戦は実にさまざまな面で「大量」という言葉の冠せられた戦争だった。大量生産と大量動員、消耗戦という名のもとでの大量消費と大量破壊、そして一般市民を巻き込む大量殺戮……。注意すべきはこの「大量」が英語ではmassive、すなわち本来なら個々別々の存在である人間たちを十把ひとからげの固まりとしてあつかう概念となっていることだろう。たとえば第二次大戦では枢軸国の総動員数二五四三万人に対して連合国では七九五四万人、戦闘員の死亡は枢軸国が五六六万人に対して連合国が一一二七万人、一般市民の犠牲では枢軸国が一九五万人に対して連合国が三二三七万人にのぼったといわれる。概算すると全体に占める戦闘員の死者の割合が三二パーセントなのに対して、一般市民が六七パーセントもの高率となった。

　第一次大戦では一般市民の率が五パーセントと推計されるから、第二次大戦はそれとは比べものにならない規模で市民を巻きこむ大量虐殺がおこなわれたことがわかる。第二次大戦はまさしく十把ひとからげに国民すべてを戦争に巻きこみ、駆り立てた総力戦だったのである。

生井英孝『空の帝国　アメリカの20世紀』講談社学術文庫、二〇一八年、一四八～一四九頁

第二次世界大戦が極めて多くの一般市民を巻き込んだ戦争であり、それにあたって兵器の大量生産と大量消費が行われたことがわかる。しかしこのような「大量」を是とする戦争は、もともとアメリカが得意とする戦い方ではなかったという。

（前略）アメリカ合衆国の第二次大戦は一九四三年ごろを転機としてその性質を大きく変えた。一言でいうと、これ以前のアメリカが経験不足の若者のようなナイーヴな姿勢で戦争に立ち向かっていたのに対して、これ以降のアメリカは、まるで人が変わったように酷薄かつ無慈悲な態度で戦争を遂行するようになったのである。

アメリカの文芸批評家ポール・ファッセルは、（中略）第二次大戦初期のアメリカでは正確さが貴ばれていたが、後半は正確さや精密さなどどうでもいいことになり、効率優先主義にもとづいて大量の弾薬を消費するといった戦い方に変化したと述べている。彼の指摘を整理すると、この変化は四種類に分けられる。

前傾書、一六八頁

ファッセルは一九四三年頃を転機として、アメリカの変化について具体的に述べている。その中でも以下は重要だろう。

そして第四が戦術や攻撃方法の変化で、大戦の初期には敵の油断や弱点を衝くスマートな用兵法が重視されていたのが、長期化にともなって集中砲火や絨毯爆撃による徹底的な破壊と、火炎放射器などを兵器に使った強引な正面攻撃を主流とするような趨勢へと移り変わっていく。

皮肉なのは、いまではアメリカ軍に顕著なものと思われているこうした力ずくのやり方が、**歴史的にみるとむしろヨーロッパで始まり、アメリカでは長いこと敬遠されてきたものだった**ということだろう。たとえばアメリカ軍が火炎放射器を初めて兵器として採用したのは一九四二年、日本軍との一大決戦となったガダルカナルの戦闘でのことだが、その始まりは第一次大戦で塹壕戦に手を焼いたドイツ軍と、第二次大戦で再び火炎放射器を使ったドイツ軍への報復として使用に踏み切ったイギリス軍にあった。アメリカはその応酬を醜悪で非人道的なものとして嫌悪したが、ジャングルの奥深くに塹壕を築いて戦う日本軍に手を焼いたことから米海兵隊は結局これを採用し、ガダルカナルからタラワ、サイパン、硫黄島、沖縄……とつづいた熾烈な日米間の戦闘を通して最も巧みで容赦ない火炎放射器の使い手となったのである。

前傾書、一七二頁、強調は引用者

このように圧倒的な物量や科学兵器によって「力ずく」で自らの正義を押し通す「アメリカ的なやり方」は、第二次世界大戦中に誕生したというのである。

僕の母方の祖父は海軍兵であった。幼い頃から毎週末この祖父母の家に入り浸っていた僕は、よく戦争の話を尋ねたり、戦争体験記の冊子を読んだりしていた。

祖父母の家は埼玉県与野市（現さいたま市）にあったが、その実家は埼玉県川越市であった。太平洋戦争中、祖父は海軍兵学校に入学して軍人になり、祖母は疎開していたのだろう。後に広島を訪れた際には、江田島まで足を伸ばした。江田島には海軍兵学校があり、卒業生の写真の中に祖父を見つけることもできた。卒業後は神奈川県三浦市油壺の軍事施設に赴き、レーダーが大量の敵を感知したときには特攻を覚悟したという。しかしレーダーが捉えたのはカモメだったそうで、それくらい日本とアメリカの科学力には差があったと聞いたことがある。

始めたら止められない

冒頭にも述べたが、戦争状態になるということは、僕たち国民の意志よりも国家の意思が尊重され、半ば強制的に戦いに駆り出されることを意味する。自分の生まれ育った地が侵略されて気持ちの良い人間はいないのだから、抵抗をするのが基本だろう。

しかも第二次世界大戦以降の戦争では、圧倒的な物量と高い科学技術力が前提条件だ。ドローン攻撃やピンポイント爆撃など、ダメージを最小限に抑えて戦争をできるだけ早期に終わらせることができるかのように喧伝されているけれど、そうなる保証はどこにもない。戦いが長引き、人口や経済力、軍事力を有する国が「力ずく」でねじ伏せようとすれば、民間人の殺害も辞さなくなる。

父方の祖母は東京の下町育ち生まれで、東京大空襲を経験している。死体を踏みつけないように飛び越えて逃げたと言っていたことを思い出す。

空襲は軍人だけでなく、民間人も大量虐殺する行為である。軍人だったら殺して良いというわけではないが、民間人の殺害はジュネーヴ諸条約でも禁止されており、どんな理由があっても許されない。

その意味で、現在のイスラエルが行っている行為は虐殺以外の何者でもなく、許されざる蛮行であることは言を俟たない。しかしこのようなことは今に始まったことではない。残念ながら、戦争とはそういうものなのだ。

どんなに禁止されていても、やってしまう。工場のラインを止めることが容易ではないのと一緒である。大量生産、大量消費のサイクルがいったん社会に出来上がると、後はより効率的に、より費用対効果が良いように「改良」が重ねられていくだけである。一度立ち止まって、この社会のあり方について根本から考え直しませんか？　などと言う隙さえ与えられない。二〇世紀のアメリカ社会は、このサイクルを基盤にして形成されてきた。そして現代において非常に問題なのが、この「大量」がもたらす環境への大きな負荷である。

本文で使用した「大量」は、制限がないという意味で「無限」という言葉に置き換えることができる。第二次世界大戦中の日本軍の精神力もアメリカの大量の物質も、「無限」を希求するという意味では、同じではないかと思うのである。

しかし人間には寿命がある。肉体や精神は傷つきやすく、銃弾を受ければ死に至る。自然環境も同様である。廃棄物問題や資源の過剰利用は地球の持続可能性を下げているし、なにより戦争は最悪の環境破壊行為だ。戦車を走らせ、ミサイルや飛行機を飛ばすといった軍事活動は、大量の温室ガスを排出し、気候変動を加速させる要因とさえなる。

今こそ、限られた資源の中でどう振る舞うかを僕たちは考えるべきだ。そのためには、精神か物質かという二者択一の対立構造に陥ってはならない。「ちょうどよく」とどめる精神は、地球という物質の耐用年数も長くする。戦争とは対極にあるものなのである。

15

沈黙と光を愛した遅咲きの建築家 ── 光嶋裕介

二〇二四年五月七日

海外に行く際の入国審査などの書類には、必ず職業（occupation）欄がある。私は、そこに建築を勉強して大学院に進学した頃には、「Architect」と書くようになった。

大学で建築を専攻して以来、建築家への志は変わることがなかったし、夢が叶った今も、建築家であることに誇りを持って仕事をしている。生業の中心は、建築設計と現場監理だが、ドローイングを描いたり、文章を書いたり、大学で教えたりすることも、すべて「建築家」としてやっていることである。

ちょっとキザな言い方になってしまうが、建築家とは職業や肩書きでありながら、生き方でもあると自覚している。私がそう思うようになったのには、ルイス・カーン[*1]という建築家の存在が大きく影響している。

大学院修了後にベルリンの設計事務所で四年働き、「三〇歳までには独立したい」という全く根拠のない、まるでおまじないのような夢を抱いて、日本に帰国した。もちろん、仕事のあてなどなかった。

建築家として独立するといっても、私がドイツで登録した「州立建築家」という資格は、日本で有効ではないため、日本の「一級建築士」の資格取得を目指して、猛勉強しなくてはならなかった。ひとまず区役所に行って個人事業主として登録し、学生時代の友人たちが依頼してくれたブティックやヨガサロンの内装デザインを手掛けながら、深夜にカリカリ幻想的な建築のドローイングを描くという、悶々とした日々を過ごしていた。

心の北極星としてのルイス・カーン建築

その頃、定年間際でまだアメリカで働いていた父を訪ね、ニュージャージー州の実家に息抜きのつもりで帰省した。独立して間もない私の胸には、建築家として生きていくことへのとてつもない不安によるどこかスッキリしない気持ちが渦巻いていた。

そんな状態で、二〇世紀アメリカを代表する建築家ルイス・カーンの二つの建築《ブリティ

＊1　Louis Isadore Kahn（一九〇一～七四）二〇世紀を代表する都市計画化家、建築家。

ッシュ・アート・センター》(一九七四)と《キンベル美術館》(一九七二)を訪れたのである。このときの建築体験は、ぐらつき始めた「建築家になる」という杭を私の心の奥深くまで強固に打ち込んだ。それほどまでに、圧倒的な光だったのである。学部三回生で訪れた《ソーク研究所》(一九六五)と合わせてカーンの三大名建築のすべてが、心の北極星として私の中で煌びやかに輝き続けている。

アメリカの名門イェール大学のキャンパス内に、その建築はある。コンクリートのフレームに炉で焼いた黒いステンレスの渋い壁がはめ込まれたカーンの遺作《ブリティッシュ・アート・センター》は、シンプルかつ端正な外観デザインを見るだけでは、正直それほど感動しない。ちなみに道の向かいには、カーンの実質的なデビュー作である《イェール・アートギャラリー》(一九五三)も建っていて、晩年に近いわずか二〇年間のあいだにこれほど驚異的な建築をいくつもつくったのか、と驚くほかなかった。

自然の回路としての光をどう扱うか

《ブリティッシュ・アート・センター》は、なんといっても建物の中に降り注ぐ光のグラデーションが圧巻である。

天井が低く抑えられた暗いエントランスを抜けると、まず、五層吹き抜けの巨大なロビーに煌々と強い光がダイレクトに差し込んでくる。内部空間もコンクリートのフレームでつくられているのだが、外部に使用された黒いステンレスに対して内壁にはオーク材が張られており、優しい木の温もりが感じられる。天井から降り注ぐ強い太陽光をグレーのコンクリートがいったん受け止め、空間全体に美しい調和をもたらしていた。外周部には窓があるものの、英国のエリザベス朝以降の絵画や彫刻のコレクションを展示する美術館にとって、太陽光は天敵なのである。

ルームは建築の元初です（the room was the beginning of architecture）。それは心の場所です。自らの広がりと構造と光をもつルームのなかで、人はそのルームの性格と精神的な霊気に応答し、そして人間が企て、つくるものはみなひとつの生命になることを確認します。

『ルイス・カーン建築論集』前田忠直編訳、鹿島出版会、二〇〇八年、七七頁

よく知られたルイス・カーンの言葉である。

世界の始まり、元初（beginning）を徹底的に考えた建築家は、「元初はすべての人間にとって本来的なものであると。元初は人間の〈本性〉を露呈します」[*2]とも述べて、建築の元初をルー

＊2　『ルイス・カーン建築論集』五三頁

ム（room）という最小単位から考え始めたのである。加えて、「ルームの何が素晴らしいかといえば、ルームの窓を通して入ってくる光がそのルームに属しているということ」[*3]だと断言する。

これは、第一三回で取り上げた、ソローが森の生活においてセルフビルドした小屋にも通ずる哲学である。測り得ない存在である神秘的な自然と人間が共生するには、自らがルームをつくり、そこに絶えず変化する自然との回路になる窓がなければならない。もっというと、その窓から入ってくる光こそが主役であり、もっとも重要なのである。

「自然のなかの一切の物質、つまり山、川、空気、そしてわれわれ人間も燃え尽きた光からできている（中略）光はまさに全存在の源泉」[*4]であると、やはりカーンも述べている。

光を濾過する建物

《ブリティッシュ・アート・センター》の話に戻ろう。

カーンはここで、コンクリートのフレームをジャングルジムのようにつくり、格子状の最上階全体を窓（トップライト）で覆って、ルームの集合体としての美術館を形成することを考えた。それぞれのルームにとって最大の魅力である自然光を、建築にふんだんに採り入れるためのアイディアである。

カーンは「陽光が建物の側面に当るとき、太陽ははじめて自らの驚異に気づくのだと」[*5]言うが、そのままでは陰影のコントラストが強すぎるため、屋外に光を調整するルーバーを取り付けて、太陽光のコントロールを図っている。

　吹き抜けロビーのトップライトはガラスがはめ込まれているだけなので、強い太陽光がそのまま入ってくるが、芸術作品が並ぶ展示室の天井には、外部のルーバーに加えて、光をドリップコーヒーのように濾過する装置を設計している。これが、とにかくすごい。ルーバーの間から入ってきた太陽光は、次にメッシュ状に穴の空いたスクリーンを幾重にも重ねた装置を通り抜けることで、展示室に優しく降り注ぐのだが、まるで透明なカーテンというべきか、ぴったり表現する言葉がなかなか見つからない、衝撃的な光の体験である。

　強い方向性を持つ太陽光が、この装置を経由して濾過されることで抽象的な光となり、均質に空間を満していく。この民主的で上品な光は、モダニズムのひとつの到達点である。

　また、上空に雲がかかると、室内の光は優しく揺らぎ、展示室の雰囲気がゆっくり移ろいでいく。建物の中にいるのに、太陽の存在が静かに感じられ、呼吸しているようでもあり、幸せな気持ちになっていく。濾過された太陽光の織りなす、木漏れ日のような複雑な表情をした光

＊3　『ルイス・カーン建築論集』一一頁
＊4　『ルイス・カーン建築論集』一八頁
＊5　『ルイス・カーン建築論集』七八頁

のグラデーションは、リズミカルに変奏する。いるだけで心から美を感じることができる幸せな時間が流れていった。

発光するコンクリート

もうひとつの《キンベル美術館》は、広大な荒地にカウボーイ文化が根付くテキサス州フォートワースのカルチュラル・ディストリクト（文化地区）に建てられている。ここでもカーンは、アメリカ南部特有の強烈な陽光を見事に建築に採り入れていて、芸術と対峙する唯一無二の空間をつくっている。

キンベルでもトップライトが用いられているが、今度は光を濾過するというより、太陽光を天井に鮮やかに反射させて、人々を魅了する空間をつくっていた。

《ブリティッシュ・アート・センター》がコンクリートフレームだったのに対して、《キンベル美術館》は、ヴォールト屋根のコンクリートのチューブが連続する建築である。カーンは、フレームやチューブといった建築形式を反復させることで、場にまず秩序（order）をつくり出し、その場に居る者にずっしりとした安心感を与える。これこそが、ルームの本質であろう。

そのルームとしてのアーチの天井は、コンクリートなのに、まるで宝石のごとく輝いていて、度肝を抜かれた。コンクリートがあたかも発光していて、しばし時間を忘れてうっとりする。

あれほど優美で美しく光を反射するコンクリートを私は、見たことがない。

それは、天井の中央にスリットを開けて設けられたトップライトから差し込む太陽光を、その真下に設置された三日月型の断面形状のアルミ製反射装置「ルーネット（lunette）」によって、拡散しているのだ。この仕掛けによって、重くて固いはずのコンクリートが、優しい光の傘となる。

カーン曰く「この装置は、自然光を得たいという願望から考案されました。なぜなら、自然光は〈画家〉が絵を描くのに用いた光だからです。人工光線はスタティックな光です。自然光はムードのある光です[*6]」。

《キンベル美術館》もまた、上空に雲がかかると、やはり室内の表情が静かに連動して変容する。外の天気に合わせて展示室のムードが刻々と変わっていく。外部の自然とのリアルなつながりが体感できる芸術の鑑賞空間は、どこか自然に祝福されているようで、思いがけず幸福感に包まれる。

＊6　『ルイス・カーン建築論集』七〇頁

黄金の塵になる建築

学生時代に観た《ソーク研究所》は、ポリオワクチンを開発したジョナス・ソーク医師によって一九六三年に設立され、多くのノーベル賞受賞者を輩出している生物医学の研究所である。春分の日と秋分の日に太陽が沈む軸線を根拠にコンクリート製の研究所を配置したこの建築で最も印象的なのは、海に開かれた石の中庭（plaza）である。天井は空。この何もない石のプラザの真ん中には、軸線に沿って一本の水が海の方へと流れていて、光を偏愛した建築家ルイス・カーンの真骨頂ともいえるダイナミックな空間が広がっている。

ちなみに、この中庭には当初、樹木が配置される予定だったが、メキシコの建築家ルイス・バラガンの示唆によって今の姿になったことは、よく知られている。カーンは、メキシコの《バラガン邸》を訪れたとき、伝統についてバラガンと交わした対話を、著作の中で次のように紹介している。

伝統はあたかも人間の本性からできた金色の塵の山のようであり、状況的なものはすでにそこから取り去られています。人間は経験を通して自らの道を歩むとき、人間について学びます。学ぶことが金色の塵として降り積もり、その塵はもしそれに触れるなら予感の力を与えます。芸術家はこの力をもち、世界が始まる以前の世界さえも知ります。

『ルイス・カーン建築論集』一〇二頁

この「金色の塵(golden dust)」というメタファーこそ、カーンが建築家として敬意を示し、ずっと向き合ってきた「元初なるもの」と対をなす「永遠なるもの」のイメージであり、彼の建築がルームに光を通す窓とそれを受け止める素材によって形づくられていることがよくわかる。カーンは、建築の素材に対して、次のように問いかける。

「あなたは何になりたいんだ」と。煉瓦は答えます。「私はアーチが好きだ」。そしてあなたは言います。「私もアーチが好きだ。しかしアーチは高価なものなんだよ。だからコンクリートのまぐさを開口部の上に置くことにしよう」「これでどうかね」と。煉瓦は言います。「それでも私はアーチが好きなんだ」と。

前掲書、八頁

カーンはいつも学生たちにまず、"What is your question?(君たちの心の中にある問いは何か?)"と問いかけていたという。かつてペンシルベニア大学に留学して、カーンの薫陶を受けた建築家の香山壽夫は、教育者カーンの「霊気(aura)」の根底にあるのは、次の言葉であると回想している。

What was has always been（かつてあったものは常にあったものだ）
What is has always been（今あるものこれも常にあったものだ）
What will be has always been（そして、これからあるものも常にあったものだ）
東京工業大学ＴＩＴ建築設計教育研究会議運営委員会、安田幸一、平輝＋香月歩、佐々木啓、長沼徹編著『ルイス・カーン研究連続講演会活動記録　いま語り継がれるカーンの霊気』建築技術、二〇二四年、六〇頁

カーンは、建築をつくる素材が物質としていかに存在し続けられるかを問い、「永遠なるもの」をイメージして、素材に形を与えたのである。

沈黙と光の幸福な関係

光を受け止める空間を構成する物質（素材）と対話することで、測り得ないものとしてのアニミズムに、カーンは接近する。そして、素材の形（form）を吟味して、金色の塵（永遠なるもの）になり得る建築を探求したのである。そのときカーンは光だけでなく、沈黙にも注目する。

沈黙はいわば測り得るものの座であり、表現せんとする意志であり、それは表現手段へ、

つまり光からつくられた物質へと移行します。そして光はあなたのもとへやってきます。

『ルイス・カーン建築論集』一八頁

願望が沈黙の特性であって、沈黙の力、すなわち測り得ない力であり、沈黙にあるあらゆるものは測り得ないものからやってきます。

前傾書、一〇四頁

カーンは「われわれは表現するために生きている」という大きなステートメントののちに、「自然がわれわれに与えるものは、われわれ自身という表現の道具であり、それは魂の歌を演奏できるようにと楽器を与えているかのようです」[*7]とも述べている。

測り得ない自然や光に対して、測り得る建築(ルーム)をつくるために、カーンは自らの内にある沈黙と対話して、崇高さを願望する。沈黙(人間)と光(自然)が幸福な関係を築くと崇高さが獲得され、それは時間を重ねて、金色の塵(伝統)となっていく。

*7 『ルイス・カーン建築論集』一〇六頁

カーンに学ぶ、建築にできること

あるとき私は《ブリティッシュ・アート・センター》に行くため、ニューヨークのペン・ステーションから電車に乗った。後になって知ったことだが、なんとカーンは、インド・アーメダバードからの出張の帰りに、このペン・ステーションの男性トイレで心臓発作を起こして亡くなったのである。身元がわかるものを所持していなかったため、数日間、死体安置所に置かれていたらしい。

愛人との間にできた息子が自分の父の本当の姿を知りたくて撮ったドキュメンタリー映画『マイ・アーキテクト〜ルイス・カーンを探して』[*8]を観ると、ルイス・カーンがとても一筋縄ではいかない人間であったことがよくわかる。

ユダヤ人であり、幼少期に大火傷を負っていて、移民として不況と貧困、大戦を経験している。女性関係もなかなか複雑で、子どもも少なくない。フィラデルフィアで設計事務所を主宰し、住宅をコツコツ設計しながら、五〇歳にして大学などの建築をつくり、一躍スターダムに上り詰めた遅咲きの建築家なのである。

人間は「表現するために生きている」と言ったルイス・カーンは、生涯現役。最期まで建築家であった。

アメリカのプラグマティズムを日本に紹介した哲学者の鶴見俊輔は「日本思想の可能性」と

題したエッセイの最後を「伝統について」と題し、次のように締めくくっている。

過去が過去として切り離されることなく現在の中に生き、われわれを未来にむかって押し進めるように働く。それが思想の力だ。われわれが日本の思想の力を、その弱さ、つまらなさ、もろさをかくすことなく見てとって、開発するためには、この暫定的自給自足の方法をもっとつかって見なければだめなのではないか。

鶴見俊輔『日常的思想の可能性』筑摩書房、一九六七年、二五頁

カーンが沈黙し、崇高さという光を見出した伝統のビギニング（元初）は、なんだったのか。没後半世紀になる今、もしカーンが生きていたら、ガザで起きていることをどのように受け止めるだろうか。イスラエルやアメリカに対して、どのようなアクションを起こすだろうかと想像してしまう。あるいは、カーンの設計したバングラデシュの《国会議事堂》で起きた暴動についてどう思うだろうか。圧倒的な破壊に対して、果たして沈黙しただろうか。

＊8　MY ARCHITECT（二〇〇三年製作／一一六分／アメリカ／ナサニエル・カーン監督）現代建築の巨匠ルイス・カーンの「二人目の愛人の息子」の立場から、死後三〇年を経て初めて父と向き合い、その足跡を辿るドキュメンタリー。

私たちの世界は、今、空間的にも、時間的にも、深く分断して、引き裂かれていると言わざるを得ない。

私たちは、ルイス・カーンがしたように、心の目で世界と対話し、弱者の側に想いを寄せて、沈黙から感じた崇高さへの願望を頼りに表現する意志を示し、世界をより良くする希望の光を建築に宿すことはできるだろうか。

嘆いてばかりもいられない。白岩さんが紹介してくれたサイードの言う通り、「教育を通してのみ起きる変化」を待つのではなく、私たち一人ひとりが社会を少しでも生きやすいものにするために、「モグラの手つきで」できることから実践していくほかない。鶴見のいう「暫定的な自給自足」によって連帯する「思想の力」を開発するほかない。金色の塵を暴力に吹き飛ばさせないためにも、建築家という生き方の実践がいまこそ問われている。

16

同じ筏のうえで──あなたはわたしになったあなたを殺せない──白岩英樹

二〇二四年五月二〇日

本リレーエッセイの初回「『生き直し』のヒントを探す旅へ」がウェブ上で公開されたのは、およそ七か月前、二〇二三年の一〇月九日であった。編集者・高松さんへの原稿送付期日はその五日前、一〇月四日に設定されていたと記憶している。

ガザでのジェノサイドが公然と開始されたのは、その狭間だった。国連の報告によれば、パレスチナ自治区ガザ地区の犠牲者総数はすでに三万五〇〇〇人を超えた。その七割以上を女性と子どもが占め、一万人以上がいまだ瓦礫の下に埋まったままである。

きわめて非対称かつ圧倒的な暴力を前にして、アメリカを中心とする西欧諸国は停戦の仲介を図るどころか、自国市民の抗議活動を暴力装置によって鎮圧し、イスラエルによる無差別攻撃を側面支援してきた。その一方で、国連安全保障理事会に停戦を求める決議案を提出し、国際司法裁判所にイスラエルを提訴したのは、「グローバルサウス」と呼ばれる、かつて米欧の植民地支配に苦しんだ国々であった。

初回で採りあげたエマソン、ソロー、ホイットマンに代表される「トランセンデンタリスト（超絶主義者）」たちは自らの「生き直し」を重ねながら、ときに政府と激しく対峙し、国家のあり方に「再生」を迫った。三者ともに重視していたのは、起点としての「ひとり」である。

多様な「自然・本性（nature）」が潜在する一人ひとりが、それぞれの〈ここちよさ／楽チンさ／なんとなく／無律〉を尊重して自由に生きられる社会。アメリカや西欧諸国が金科玉条のごとく主張してきた人道主義や人権思想も、ラディカルに水源をたどればそこに至る。

しかし、ひとたび肌の色や宗教などが異なれば、米欧諸国から人倫としての水が届くことはない。昨年の一〇月七日以降、世界中に可視化されたのは、あまりに露骨なダブル・スタンダードであった。民族的な差異によって他者化されたパレスチナには、病院であろうと学校・大学であろうとモスクであろうと、ところかまわずロケット弾が撃ち込まれる。自宅を追われた人びとは硝煙弾雨のなかを逃げまどうほかない。難民キャンプにさえ砲弾が撃ち込まれるのだから、もはやガザには安全な場所などどこにも存在しない。

第一四回で青木さんは、戦争における大量虐殺を、二〇世紀初頭のアメリカに端を発する大量生産、大量消費社会の延長線上に捉えた。大量生産・大量消費には、いつの時代も大量廃棄がついて回る。ハマスの殲滅に固執するネタニヤフ首相や、核兵器の使用を示唆し、パレスチナの人びとを「人間の姿をした動物(human animal)」と非人間化する閣僚たちにとっては、おそらくジェノサイド自体が大量廃棄なのだろう。

かくも醜悪な戦争の〈大量生産/大量消費/大量廃棄〉のサイクルは兵器のみならず、最終的には人間そのものを非人間化し、〈生産=徴兵・総動員/消費=派兵・強制連行/廃棄=棄民棄兵〉の標的に定める。帝国主義にとっての最重要課題はあくまで帝国自体の拡張にある。市民一人ひとりの〈ここちよさ/楽チンさ/なんとなく/無律〉や、青木さんが語る「ちょうどよく」はまっさきに「廃棄」の対象となり、我々一人ひとりの声は容赦なく押しつぶされる。

中江兆民が見抜いた帝国主義の弊害

一九世紀末から二〇世紀初頭にかけて、明治の日本も同様の道をたどった。しかし、アメリカのトランセンデンタリストたちのように、自らの言動で大日本帝国の行く手に立ちはだかった人びとも存在する。彼ら、反帝国主義者の系譜を辿ると、土佐藩―高知県下の自由民権運動にゆたかな地下茎が伸びていることに気づく。

その筆頭が高知城下に生を享けた中江兆民である。兆民はフランス留学から帰国すると、仏学塾を開いた。そして、ジャン=ジャック・ルソーの『社会契約論』を翻訳しつつ、天賦人権や民主主義の重要性を説いた。

語学に長けていた兆民は、ヨーロッパ各国の「文明」が、帝国主義の支配・搾取構造に依拠していることを看破する。そして、そのエッセンスを数の論理に見て取る。

隣国常備兵五万を置くか己れは則ち十万を置かんとす、隣国十万を置くか己れは則ち二十万を置く。かくの如くにして**互に相競争して**その極や近時法蘭西《フランス》、日耳曼《ゲルマン》の如きに至りて平時ほとんど百万の上に出でんとす。

「論外交」松永昌三編『中江兆民評論集』岩波書店、一九九三年、一一八頁、強調は引用者

帝国主義は自他のあいだを明確な境界線で区分し、数の多寡をめぐって「相競争」しあう。終わりはないから、相手を上回るためには、両者が無限に増殖し続けねばならない。終わりなき拡張運動は、植民地の資本や労働力、さらには青木さんがいうように、環境を破壊・搾取し尽くすまで継続される。

「自由の争い」を経た国の裏切り

イスラエルのセトラー・コロニアリズムを支援する帝国アメリカも、過去に立ち返れば、大英帝国の植民地であった。兆民が手がけたルソーをはじめ、米欧由来の翻訳書を手当たり次第

に読んだ植木枝盛は、アメリカ革命が生じた理由を次のように論じる。

例えば、亜米利加の英吉利国に叛いて独立をなしたるは**同地の人民が英吉利の政府より暴虐なる政を受け**（中略）**竟《つい》にこらえ得る能わず十三州の民申し合せて七年の間戦いをなしとうとうこれに打ち勝ってそれより英吉利国の支配を脱けたるもの**にてやはり自由の争いじゃ。

「民権自由論」家永三郎編『植木枝盛選集』岩波書店、一九七四年、二五頁、強調は引用者

ますますエスカレートする大英帝国の暴政に耐えきれず、革命によって植民地支配を打破し、独立を遂げて建国されたのがアメリカ合衆国である。

それによって、アメリカは、国家としてのみならず、市民一人ひとりの言動で国のあり方さえ変えられる、二重の自由を勝ち取った。もちろん、その自由は、第一回および第四回でもふれたように、先住民族や女性、黒人を除外した限定的な自由ではあった。しかし、たとえ部分的とはいえ、圧政という暴力で自由を奪われていた中で、彼らは生きながらにして自らの尊厳を回復したのである。

そのような体験を経た国家や市民がまっさきに掴み取るべきミッションは、かつての自分たちと同じ窮境にある人びとに人倫の水を届け、自由の回復に向けて協働することであろう。

事実、イスラエルに爆撃を止めるよう国際司法裁判所に訴えたのは、植民地支配に由来するアパルトヘイトに長く苦しんだ南アフリカである。他方、南アフリカの提訴に対し、ドイツはイスラエル支持を表明した。そのドイツを厳しく非難したのが、かつてドイツ帝国から植民地支配を受けたナミビアであった。果たしてアメリカは……国連安保理でのガザ停戦決議において、四度にわたって拒否権を行使した。

帝国主義は外にも内にも

三たび中江家に寄寓し、兆民を生涯の師として仰いだ幸徳秋水もまた、新聞社で翻訳係を務めながら諸外国への見識を深めた。そして、名著として知られるウラジーミル・レーニンの『帝国主義』に先んじること一六年、最初の著作となる『廿世紀之怪物帝国主義』を発表する。ときは一九〇一年。日清戦争後の反動不況によって、経済格差を生む社会構造自体が問題視されつつあった。秋水が新たに捉えた脅威は、国内外に燃え広がる帝国主義の炎であった。

盛なるかないわゆる**帝国主義の流行**や、勢い燎原の火の如く然り。(中略)**かの米国の如きすら近来甚だこれを学ばんとするに似たり**。而して我日本に至っても、日清戦役の大捷以来、上下これに向って熱狂する、捍馬の轡を脱するが如し。

幸徳秋水『帝国主義』岩波書店、二〇〇四年、一五頁、強調は引用者

秋水は「かの米国の如きすら」と驚きを隠さない。「互に相競争」するヨーロッパから遠く海を隔て、かつて植民地支配にあえいだアメリカでさえ、帝国主義に抗うどころか、むしろ進んで「流行」に乗りつつあった。セトラー・コロニアリズムにおいてイスラエルの範たるアメリカは、当時もいまも、帝国主義の炎に包まれている。

秋水は帝国主義を織物にたとえ、その縦糸に「愛国心」、横糸に「軍国主義（ミリタリズム）」を見て取る。[*1]「軍国主義」とは国家の最優先事項を軍事におく政策といってよいであろう。しかし、「愛国心」を定義するのは難しい。秋水は次のように説く。

> …いわゆる愛国心は、即ち**外国外人の討伐**をもって栄誉とする**好戦の心**なり、好戦の心は則ち動物的天性《アニマルインスチンクト》なり。
>
> 前掲書、二七頁、強調は引用者

非常に明確な定義である。秋水にとって、帝国主義と不可分な「愛国心」の基底には、弱肉

＊1　幸徳『帝国主義』一九頁

強食的な「天性」から誘起された、外国および外国人への憎悪がある。今日の言葉に照らし合わせれば、ゼノフォビア（xenophobia＝排外主義）にあたるだろう。

いずれも、自他のあいだに恣意的な線を引き、自己とは異なるアイデンティティを有する人びとを排除する点においては、他者化と何ら変わりない。しかし、ここで考えねばならないのは、多様なバックグラウンドをもつ市民から構成される「移民国家」アメリカにとって、「外国外人」とはいったい誰なのかということである。

光嶋さんは第一五回で、プラグマティスト・鶴見俊輔の言葉を引用しながら、「私たちの世界は、今、**空間的にも、時間的にも、深く分断して、引き裂かれている**と言わざるを得ない」と書いた（強調は引用者）。光嶋さんのいう「分断」が内戦の危機にまで高まりつつあるのが、いまのアメリカである。

秋水が洞察したアメリカ帝国主義の銃砲は、国外だけでなく、国内にも向いている。「外国外人」を人為的に創出する他者化は、先住民族に対するまなざしをはじめとして、建国以前から脈々と続けられてきた。アメリカは、対外的に行使される抑圧や暴力だけでなく、内なる帝国主義をも延々と抱え続けてきたのだ。

そうだとすれば、光嶋さんの言葉を手がかりとして、我々は空間をまたぎ、時間を遡行して考える必要があろう。そうすることで、彼岸と此岸の過去から未来への知見を手探りし、光嶋さんが語る「共生」へと接続する〈窓＝回路〉を、我々の「ルーム」に穿たねばならない。

プラグマティズムの決意

建国以来、アメリカの国家存亡にとって最大の危機となったのが、南北戦争（一八六一〜六五）である。原語は「アメリカ市民戦争（American Civil War）」。字義通り、アメリカ国内で市民同士が互いを殺戮しあい、死者数は約六二万人にも膨れ上がった。二度にわたる世界大戦や朝鮮、ベトナム、中東やアフガニスタンなど、世界各地に銃砲を向けてきたアメリカでさえ、これほどの犠牲を出した戦争は後にも先にもない。

なかでも若い世代への衝撃は大きかった。ほんの八〇年ほど前に独立をかけて共闘したアメリカの市民同士が、なぜ互いを敵視し、銃砲を向け合わねばならなかったのか。

南北戦争時に二〇歳前後だった青年たちは、いつしか「メタフィジカル・クラブ」と呼ばれる勉強会に集うようになる。主たるテーマは、第二の南北戦争を抑止しうる思想の共創。民主主義を理念としていたはずのアメリカで、修復不可能な「分断」が起きてしまった。ならば、民主主義自体をアップデートせねばならない。

アメリカ研究者のルイ・メナンドは、クラブのメンバーにとっての民主主義とは「生き方をめぐって競合する考え方同士の軋轢を、過熱と暴力化から防ぐことができるもの」であったと語り、彼らが目指した境地を多元主義に求める。[*2]

多元主義《プルーラリズム》とは、**複数の価値**《グッド》同士がしばしば**共約不可能**であるような状況から、**一つの共有可能な価値**をつくり出そうとする試みである。

ルイ・メナンド『メタフィジカル・クラブ――米国一〇〇年の精神史』野口良平、那須耕介、石井素子訳、みすず書房、二〇一一年、三七七頁、強調は引用者

アメリカ発の哲学・プラグマティズムは、南北戦争という惨劇への反省から生まれた、きわめて具体的な思想であった。その根本意志は〈アメリカ合衆国／United States of America〉を、二度と〈アメリカ非合衆国／Un-united States of America〉の状態に陥らせないという、慟哭と悲哀に根ざした決意にあった。

言葉の意味を行動の形に戻す

メタフィジカル・クラブの主要メンバーであったウィリアム・ジェイムズは、宇宙は未知の生成のさなかにあると考えた。それがゆえに、我々が暮らす世界も、改変可能である。実在は「なお形成中のもので、その相貌の仕上げを未来に期待している」から、自由意志による働きかけは「この世界に新しいものが出現するということ」を意味する。[*3]

プラグマティズムにおける未来とは、過去の繰り返しでも模倣でもないことを待ち望む権利である。その権利は、社会構造においても、何らかの信念に固執する自我においても、有効である。ジェイムズは、悲観論にも楽観論にも与しない。いったん身を引き、その中間に位置する「改善論」を選び取る――「われわれの行為が及ぶだけの世界の範囲はこれをわれわれの行為が創造するのではあるまいか？」[*4]。

宇宙自体が創造の途上にあるのだから、我々が世界に対して働きかければ、その程度に応じて、何らかの変化が生じる。メナンドが語る「一つの共有可能な価値」とは、そのような多元的な試みから自ずと浮き上がってくるのだろう。至極まっとうな論理であると同時に、希望さえ感じてしまうのは、我々の社会がますます「共約不可能」に見える事象に覆われつつあるからかもしれない。

ジェイムズが説くプラグマティズムは、エマソンやソローら、トランセンデンタリストが追究する〈個人の生き直し／国家・共同体の再生〉を髣髴させる。

哲学者のナンシー・スタンリックは、トランセンデンタリストが体現したのは、「アメリカ

＊2 メナンド『メタフィジカル・クラブ』六七頁
＊3 ジェイムズ『プラグマティズム』二五八、一二四頁
＊4 ジェイムズ『プラグマティズム』二八七頁

思想の特徴である**変革と社会正義を求めるアクティヴィズム**」であり、プラグマティズムは「**トランセンデンタリストの遺産を受け継ぐもの**」であると説く。[*5] スタンリックが語る「アクティヴィズム」とは、「言葉の意味を行動の形に戻してとらえる方法」の謂いであり、それこそがまさにプラグマティズムの髄といえよう。[*6]

アメリカは「ひとり」から形づくられる

社会の変革と民主主義のアップデートを志向するプラグマティズムは、真空地帯さながらの机上で生まれた哲学とは様相を異にする。

政治学者の宇野重規は、その主因をアメリカ建国当初の事情に求める。西欧諸国とは違って中央政府の機能が脆弱だったアメリカは、タウンシップを拠り所とせざるを得なかった。「下からの秩序」は、アメリカのアイデンティティの根本を成している。[*7] 草の根デモクラシーのあり方自体をボトムアップに問い、行動によって変革し続ける市民一人ひとりの地下茎は、意識の有無にかかわらず、トランセンデンタリズムやプラグマティズムから脈々とつながっている。「ひとり」を貫いたソローも、やはり一方向的なトップダウンを嫌悪し、「下からの秩序」にこだわり続けた。彼は政府と市民との関係性を次のように捉え直す。

わたしが言いたいのは、いますぐ政府をなくそうということではない。**早くまともな政府をつくろう**と言っているのだ。(中略)わたしが思うに、**わたしたちはまず人間**であって然るべきで、**国民であるのは二の次**だ。

H. D. Thoreau. *Walden and "Civil Disobedience,"* Signet Classic, 1999, pp.266-267. 訳文、強調は引用者

ソローは四四年の短い生涯を通して、「自然・本性(nature)」同士の〈交感/交換〉から、生きることの悦びを何度も掴み直した。しかし、黒人奴隷をはじめとする隣人がそれらの自由を奪われている状況には、我慢がならなかった。

自由な「人間」であることにおいて、「ひとり」と「わたしたち」とは、何の矛盾もなく接続され、「まともな政府」を共創する同志となる。アメリカ合衆国は市民一人ひとりの〈交感/交換〉の結果として、「下からの秩序」によって自ずと形成される。ソローはそのような国家観を抱いていた。だから、起点は「ひとり」の「自然・本性(nature)」を大事にすることであって、政府がそれに先んじるわけでは、決してない。

*5 スタンリック『アメリカ哲学入門』一二〇頁、強調は引用者
*6 鶴見『たまたま、この世界に生まれて』一七七頁
*7 宇野『実験の民主主義』五六頁

標石としての植木枝盛の私擬憲法

帝国主義の炎に包まれながら、内なる帝国主義に抗う、もうひとつのアメリカ。ソローのひと世代あとを生きた枝盛も、土佐の地から草の根民権論を大胆に構想し、その範としてアメリカの市民を仰ぎ見ていた。

人民は政府をして良政府ならしむるの道あれども、政府単に良政府なるものなきなり。(中略)また**米国人民を観よ**、その独立は**英国の好みたる者にあらず**。

「世に良政府なる者なきの説」家永編、前掲書、九〜一一頁、強調は引用者

「良政府」をつくるのも、「独立」を勝ち取るのも、ひとえに「人民」次第である。枝盛は、「下からの秩序」を最大限に活かすためにも、民撰議院による立憲政治の実現が欠かせないと主張した。

のみならず、枝盛が一八八一年に起草した「東洋大日本国国憲案」では、思想や信教および言論の自由はいうまでもなく、多岐にわたる人権を尊重するとともに、現行の日本国憲法でさえ保証できていない権利を謳っている。その代表が、アメリカの独立宣言を読み込んだ枝盛が

重視した、抵抗権と革命権である。枝盛の筆になる草案の七〇条と七二条には次のようにある。

第七十条　**政府国憲ニ違背スルトキ**ハ日本人民ハ之ニ従ハザルコトヲ得

第七十二条　政府恣ニ国憲ニ背キ擅《ほしいまま》ニ人民ノ自由権利ヲ残害シ建国ノ旨趣ヲ妨クルトキハ日本国民ハ**之ヲ覆滅シテ新政府ヲ建設スルコトヲ得**

「東洋大日本国国憲案」家永編、前掲書、九五頁、強調は引用者

つまり、政府が憲法に反しているときは従う必要がなく（抵抗権）、政府がエスカレートして国民の自由・権利の侵害に及ぶときは新政府を設立してもよい（革命権）、ということである。

先述したように、日本では両権利の保障がいまだ実現していない。だが、日本国憲法が起草されるプロセスにおいて、GHQが枝盛の国憲案を間接的に参照したことが判っている。兆民の訳業や著述から継承された精神は枝盛の私擬憲法によって明文化され、我々が立ち返るべき標石として、強烈な光を放つ。

バイデンVSトランプをどう見るべきか

ひるがえって、今日のアメリカはどうか。

第四七代大統領を決する選挙が、現職ジョー・バイデン、そして第四五代大統領を務めたドナルド・トランプとの争いになることはほぼまちがいない。[*8] バイデン対トランプの再選には、もはや議論に値する新たなことなど、なにもないように見える。にもかかわらず、批判合戦は熱を帯びる。以前から「分断」が指摘されていたアメリカ国内の亀裂は、ますます修復不可能な様相を呈している。

「ニューヨーク・タイムズ」のオピニオン・コラムニスト、ジャメル・ブイはバイデンとトランプの大統領選が、候補者同士の闘いというよりも、連立した集団間の争いではないかと提起する。

…具体的な利害を争う点では、大統領選を**連合間の闘い**と捉えるほうが有益かもしれない。**さまざまなグループ、さまざまなコミュニティが、まったく異なることを、ときには互いに相容れないことを、この国に望んでいる。**

Jamelle Bouie. "Don't Think of It as a Contest Between Biden and Trump," The New York Times, March 15, 2024　訳文、強調は引用者

南北戦争が、ジェファソン・デイヴィスとエイブラハム・リンカーンとの争いというよりも、〈南軍／アメリカ連合国／Confederate States of America〉的なものと〈北軍／アメリカ合衆国／

United States of America〉的なものとの戦いであったことは、いまとなれば明らかである。第四七代大統領の座を争う選挙も、バイデン対トランプとして捉えるよりも、彼らの背後に集う集団の連合がどこに軸足を置いているかを正視する必要があろう。

バイデンを支持する連合は「フランクリン・ローズヴェルト大統領時代から民主党の連合が望んできたこと」を志向している。[*9] 実際にバイデンと会談した歴史学者のビバリー・ゲイジは、執務室にローズヴェルトの肖像画が掲げられていたことを語り、大統領としてのバイデンを次のように評価する。

バイデン氏は、**ニューディールのような時代**を振り返り、それらを否定したり遠ざけたりするものとしてではなく、**自らが行おうとしていることの現実的なモデル**として受けとめた大統領だと思います。

Lisa Lerer and Reid J. Epstein. "Biden, Fighting for Credit and Raising Cash, Gets Help From Clinton and Obama," The New York Times, March 28, 2024 訳文、強調は引用者

＊8 二〇二四年七月、バイデン大統領は選挙戦からの撤退を表明。八月、カマラ・ハリス副大統領が民主党の大統領候補に正式指名された。

＊9 Bouie, "Don't Think of It as a Contest Between Biden and Trump"

同じ民主党出身としては、直近にビル・クリントンやバラク・オバマがそれぞれ大統領を二期ずつ務めた。しかし彼らでさえ、国内の社会保障を大幅に拡充したり、それによって労働者を保護したりすることはできなかった。経済格差は拡大するばかりで、いわゆるオバマケア（医療保険制度改革法）も社会主義的だとの批判を受け、理想からはほど遠い代物になってしまった。

第一二回でもふれたように、格差や貧困が、個人の能力や努力では埋め合わせ不可能な「階級社会」の水準にまで達してしまえば、我々に残されるのは社会構造の「改善論」しかない。

バイデンが執ろうとしている政策――たとえば、（1）学生ローンの返済免除、（2）妊娠中絶違憲判決の実質無効化、（3）医療費のキャップ制、（4）銃規制など――は、まだまだ改善の余地が多大に残るものの、一方の極（エクストリーム）に振り切った社会構造を、わずかなりとも公平・公正な位置に戻すためのプラグマティズムと呼べるかもしれない。彼は大恐慌の危機にあったアメリカの活路を福祉国家に見出したローズヴェルトを「現実的なモデル」として捉え、グローバル資本主義時代に則った方策を手探りしているのだ。福祉国家とは「誰それの考える理想的な社会関係ではなく、ダメージを限定的なものにし、問題を解決していく装置（デバイス）である」[*10]。

一方のトランプはどうか。彼自身が具体的な政策について語ることはそれほど多くない。口をついて出るのは、自分と異なる考えを抱く人びとへの罵詈や雑言である。そのようなとき、彼の口角は復讐心で小躍りする。おそらく、本心のところでは、政治になど何の関心もないのだろう。あったとしても、「敵を懲らしめるための道具であるという程度」にすぎない。[*11] しかし、その「道具」が煽情的な言葉とともに濫用されるとき、公平・公正の箍がゆるみ、アメリカという容器自体の存続が危うくなる。

（トランプの背後にいる連合が抱く）国内の富裕層への減税という飽くなき欲望の先には、**支配の政治というさらに根深い欲望**があるように見える。（中略）そして、トランプが望むことがなにかを示しているとすれば、トランプ連合の実際の狙いが国を統治することではなく、**他者を支配すること**にある。

Bouie. 前掲記事

アメリカの外なる帝国主義に論点を絞った際、バイデンとトランプ、そして彼らを支持する連合の思考様式は大同小異にすぎない。

真珠湾攻撃時、ハーバードの学生だった鶴見俊輔は、移民局による取り調べに対して、帝国主義戦争ではアメリカも日本も支持しないと吐露し、三か月にわたって拘留された。今日、彼

＊10　ガーランド『福祉国家』二三頁
＊11　Bouie, "Don't Think of It as a Contest Between Biden and Trump"

と思いを同じくする人間は、アメリカでも日本でも決して少なくない。

しかし、内なる帝国主義に関する限り、バイデンとトランプとの大統領選を「両論併記」的に論じると、多くを見落とすことになる。

前者を支持する連合は、福祉国家の再建によって階級社会を是正しながら、アメリカ国内から失われた中間層の強化を図ろうとしている。それに比して後者の支持者たちは、階級社会のさらなる進展を企図している。

トランプが用いるスローガン「MAGA（Make America Great Again＝アメリカを再び偉大に）」が内包する「偉大なアメリカ」には、先住民族の権利回復も、公民権運動も、フェミニズムも、社会保険制度も含まれていない。それどころか、MAGAに共鳴する連合は、先住民族や黒人、女性、貧困にあえぐ人びとを「外国外人」として捉え、内なる帝国主義の銃砲で標的にすえる。

内なる帝国主義を推進する連合に、賛意を示すことなど、とてもではないが出来ようがない。しかし、だからといって、（1）国内では社会保障制度を整備しようとしているにもかかわらず、外なる帝国主義を止められない連合にはどのように対処したらよいのだろう。そして、（2）両連合間に立ちはだかる壁を融解させるには？

トランセンデンタリストやプラグマティスト、さらには民権運動家たちが取り組んできた未完のプロジェクトを発展的に継承すべきときは、おそらく今をおいてほかにない。

（1）については、対外的な帝国主義を支援し続けるアメリカ政府に対して、国内外の両面から抗うのが有効であろう。事実、ガザでの停戦に関する国連安保理決議に際し、四回にわたって拒否権を発動したアメリカも、五度目は棄権に回った。その結果、初めての停戦決議が採択された。

　帝国主義の炎に包まれながら、対外的な帝国主義に抗う、もうひとつのアメリカ。かつて、トランセンデンタリストやプラグマティストたちが内なる帝国主義に抵抗したように、今日のアメリカでは大学生やZ世代を中心に、セトラー・コロニアリズムに苦しみ続けてきたパレスチナへの連帯を表明する抗議活動が増加している。

　参加者たちはSNSを駆使してその様子を国外へ拡散し、国境を越えた大同団結が可視化されている。イスラエルを全面的にバックアップしてきたバイデン政権も、内と外からの抵抗をまったく感じていないといえば嘘になるだろう。実質的な政策においても、イスラエル支援から徐々に手を引き、ネタニヤフに物申さざるを得ない状況が出来しつつある。

　かつて二重の帝国主義を「怪物」と呼び、自身がその犠牲となった幸徳秋水は、国家が有すべき本来の目的を次のように書き遺した。

> けだし**国家経営の目的は、社会永遠の進歩**にあり、**人類全般の福利**にあり。然り単に現在の繁栄にあらずして**永遠の進歩**にあり……
>
> 幸徳、前掲書、一六頁、強調は引用者

「宇内無上憲法」をまなざす

我々が国境の壁を越えてまっさきにグローバル化すべきは、軍事や経済に依拠した帝国主義などではなかった。民族や文化を超越した、公平・公正な人道主義や人権思想だったはずである。秋水は、通時的にも共時的—空間的にも、一人ひとりが〈ここちよさ／楽チンさ／なんとなく／無律〉を看過せずに生きられる社会の実現を、「社会永遠の進歩」や「人類全般の福利」に託している。「ひとり」というミクロレベルの感性から始められる相互扶助だからこそ、逆説的に「永遠」や「人類」の水準にまで接続することが可能となる。

もちろん、マクロレベルの扶助体制として、国連の「改善論」も必要だろう。常任理事国が戦争を仕掛け、ジェノサイドを幇助することなど、現在の国連が創設された段階では、まったく想定されていなかった。しかし、植木枝盛は、一八八三（明治一六）年時点ですでに〈国際機関＝万国共議政府〉と〈国際法＝宇内《うだい》無上憲法〉の必要性を説き、その目的を次のように論じている。

　今日の吾儕《わなみ》が勉焉《つとめて》図為すべき所のものは**万国共議政府を設置し宇内無上憲法を立定する**に在るなり。しかしてこの事は**公明正大最も順応の事**にして無理たらず無効たらず不備たら

> ず危殆ならず狭小ならず**よく今日の如き宇内の暴乱を救正し以て世界の治平を致す**に足るべく更に**最も自由幸福を享受する**に益ありて**善美の結果**を得べし。
>
> 「無上政法論」家永編、前掲書、七八～七九頁、強調は引用者

ガザをめぐる世界情勢を鑑みても、現行の体制は「公明正大」とは言い難い。安保理の常任理事国にも「グローバルサウス」をはじめとする諸国が入っておらず、著しくバランスを欠く。加えて、ガザの停戦に関してだけでなく、パレスチナの国連加盟をめぐる決議案に関しても、イスラエルの支援国アメリカが拒否権を発動し、「宇内の暴乱を救正し以て世界の治平を致す」に足らないケースが生じている。

もちろん、国際社会やアメリカ国内に対して、アメリカ政府の孤立を可視化できる点においては、場としての国連の意義は限りなく大きい。しかし、戦況やジェノサイドの悪化をいち早く止めるには、国連がより「公明正大」に機能するための非常回路が必須となろう。

いうまでもなく、国家間には内政不干渉の原則が存在する。だから、「宇内無上憲法」の新たな制定に際しても、諸国間で摩擦や軋轢が生じるのは火を見るより明らかである。

哲学者の谷川嘉浩は、鶴見のリベラリズムを「これだけは譲れないという好みを除いて、他のことは『大まか』になるということ」と捉える。[*12] 多元的な文化を有する諸国で「一つの共有可能な価値」を共創するには、紛糾する一方の「足し算」ではなく、むしろ「引き算」に徹す

るのが賢明であろう。ソローが自由を礎石として自他の乖離を架橋したように、国家間においても共有可能な「これだけは譲れない」という最低限のライン――人命と尊厳――を人倫の水として、あらためて人道主義や人権思想に求め直さねばならない。

「理念国家」アメリカを取り戻す

もうひとつの難事「(2)両連合間に立ちはだかる壁を融解させるには?」を突き詰めると、極論と極論との衝突を避けるという、メタフィジカル・クラブと同様の問いにたどり着く。国家が真っ二つに「分断」された南北戦争と同じ絶望の深淵で、クラブのメンバー自身が苦悩のただ中で見出した思考様式こそが、プラグマティズムであった。

プラグマティズムは摩擦や軋轢を避けるのではなく、むしろ進んで引き受ける。そして、「分断」の緊張と苦悶の渦から、両者の狭間にしか渡しえない橋を築き、そこを起点に未知の道を伸ばすことを試みる。そのプロセスは建国以来のアメリカの歩みそのものでもある。

大統領選の第三の候補者、哲学者のコーネル・ウェストは、エマソンを「**現実**のなかに**理想**を**実現**、**実際的**なことのなかに**原則**を**現実化**」し、二元的な事象のあいだの「切っても切れないなんらかの**繋がり**を重視」したと評し、ジェイムズを「**中間領域**を占める**融通無碍な多元主義**を主張」したと捉える。[*13]

アメリカは南北戦争以前から、つねに〈理念／楽観主義〉と〈現実／悲観主義〉のはざまで引き裂かれていた。そして、その亀裂で苦悶にうめきながら、個人と国家の〈生き直し／再生〉を幾度も重ね、西欧諸国とはまったく異なる思想を生み出してきた。もし、アメリカに危機が迫っているとすれば、それは世界中を覆いつつある〈現実／悲観主義〉に対して、〈理念／楽観主義〉が拮抗できないほどに弱化したことであろう。

建国の理念や憲法自体に埋め込まれた強烈な〈理念／楽観主義〉があったからこそ、アメリカは熾烈な〈現実／悲観主義〉とのあいだから、葛藤の末に「改善論」を掴み直し、目の前の社会構造に是正を迫り続けることができていた。しかし、目下の大統領選を概観する限り、アメリカの〈理念／楽観主義〉はきわめてドメスティックな程度にとどまっている。

いま必要なのは、まちがっても「MAGA」ではない。「MAIWA（Make American Ideals Work Again＝アメリカの理念をもう一度機能させる）」である。

アメリカから人倫の水を世界中へ届け直さねばならない。装填すべきは帝国主義の銃砲などではない。秘密工作や軍事介入などもってのほか。グローバル資本主義から搾取構造の砲弾を抜き取り、富と権利の再分配制度を詰め込むのだ。そのうえで、対内・対外の両面で、現代に

＊12　谷川『鶴見俊輔の言葉と倫理』三〇〇頁
＊13　ウェスト『哲学を回避するアメリカ知識人』二二一、二二八頁、強調は引用者

相応しい「融通無碍な多元主義」を促進せねばならない。

今日の〈現実／悲観主義〉に対抗し、それらの対峙から新たな岐路を見出すには、好むと好まざるとにかかわらず、世界中の市民が共鳴しうる壮大な理念を紡ぎ直す必要があろう。振り返れば、アメリカ自体がそのような理念を最後の支柱として、国家の体裁を保ち続けてきたのだから。その支柱を失ったとき、「理念国家」アメリカは空中分解する。

わたしはわたしであり、あなたでもある。

フランスから植民地支配を受けたカリブ海マルティニック島出身のふたりの作家、エドゥアール・グリッサンとパトリック・シャモワゾーは、〈現実／悲観主義〉だけで政治にかかわることの限界に気づいていた。だからこそ、もう一方の〈理念／楽観主義〉を「政治の詩学」として謳ったのだ。

今も昔も、政治は壁の誘惑にすこぶる弱い。しかし、秋水が書き遺した「人類全般の福利」と「社会永遠の進歩」の観点から見れば、パレスチナやアメリカに残る壁も、ベルリンの壁がなくなったように、いつかはきっと融解して霧消するはずだ——「〈全—世界〉がますますべての人々の家になっている、というこの単純素朴な真実をせき止めることなどできないのだ」[*14]。

一人ひとりの内から湧き上がる思考や感性は、それらが別個の「自然・本性（nature）」に根づいている以上、押しとどめようがない。それどころか、アメリカ合衆国憲法の諸制度は、それらの〈交感／交換〉から芽吹く「多様な少数意見の表明」を期待して創出されている。[*15] だから、アメリカ自体の「自然・本性（nature）」を活性化するには、〈現実／悲観主義〉の極（エクストリーム）を志向する人びとだけでは足りないのだ。もちろん、〈理念／楽観主義〉の極（エクストリーム）を志向する人びとだけでも足りない。

わたしだけでも足りないし、あなただけでも足りない。あなたとわたしだけでも足りない。だからといって、わたしがあなたのためになにかをしたり、あなたがわたしのためになにかをしたり、そんなことをする必要はない。それでも、わたしはあなたのもとを辞去したりしないし、あなたも立ち去ったりはしない。ふたりで、付かず離れず、手を伸ばせば届くところに留まり続ける。

わたしはふと、あなたと向き合って目をのぞき込みあったり、横に並んで同じ風景をいっしょに眺めたりする。ときには、自分のテリトリーから半歩ずつ出て、あわいのような場所で言葉を交わすことだってある。気がつけば、片足を半歩踏み出して、ふたりで同じ踏み台に上がってみたり、見たこともない階段を下りてみたり、そんな体験を共有しながら、この世界に佇

＊14　グリッサン＆シャモワゾー『マニフェスト』六六頁
＊15　サンスティーン『同調圧力』一二二頁

み続ける。

すると、あなたとわたしは、ほんのつかのま、わたしたちになる。わたしたちは、またすぐに孤独なあなたと寂しいわたしに戻るかもしれない。けれど、あなたとわたしとの関係性がある限り、またいつかわたしたちになる。きっとなる。そうするうちに、いつしかあなたの一部がわたしになって、わたしの一部があなたになっていることに気づく。

貧乏白人《プアホワイト》の浮浪児ハックルベリーと黒人奴隷のジムも、ミシシッピ川の真ん中を流れる同じ筏のうえで、そのような時間を過ごした。ときに違和を感じたり、それを言葉で伝えたりしながら。ついには、ハックはジムを売らずに、地獄へ行く覚悟を決める。けれど、それによって彼らに開かれたのは、むしろ自由への扉だった。

あなたはもう以前のあなたではないし、わたしももう以前のわたしではない。わたしはひとりだからこそ、誰にでもなれる。あなたもひとりだったから、わたしたちになれた。わたしたちはひとりだから、ひとりではなかった。あなたは自分が誰だかわからなくなる。わたしは自分が誰でもいい。わたしはわたしであり、あなたでもある。あなたはあなたであり、わたしでもある。わたしになったあなたは、あなたになったわたしとも、わたしたちになる。わたしたちになる。だから、わたしはあなたになったわたしを殺さない。あなたはわたしになったあなたを殺せない。

引用・参考文献

Jamelle Bouie. "Don't Think of It as a Contest Between Biden and Trump," The New York Times, March 15, 2024
エマソン『エマソン論文集（上・下）』酒本雅之訳、岩波文庫、一九七二〜七三年
Lisa Lerer and Reid J. Epstein. "Who's Running for President?: Trump's V.P. Contenders," The New York Times, March 28, 2024
H. D. Thoreau. *Walden and "Civil Disobedience,"* Signet Classic, 1999
コーネル・ウェスト『哲学を回避するアメリカ知識人――プラグマティズムの系譜』村山淳彦、堀智弘、権田建二訳、未來社、二〇一四年
ロバート・ペン・ウォーレン『南北戦争の遺産』留守晴夫訳、圭書房、二〇一一年
デイヴィッド・ガーランド『福祉国家――救貧法の時代からポスト工業社会へ』小田透訳、白水社、二〇二一年
エドゥアール・グリッサン、パトリック・シャモワゾー『マニフェスト――政治の詩学』中村隆之訳、以文社、二〇二四年
キャス・サンスティーン『同調圧力――デモクラシーの社会心理学』永井大輔、髙山裕二訳、白水社、二〇二三年
W・ジェイムズ『プラグマティズム』桝田啓三郎訳、岩波文庫、二〇一〇年
ナンシー・スタンリック『アメリカ哲学入門』藤井翔太訳、勁草書房、二〇二三年
マーク・トウェイン『ハックルベリー・フィンの冒けん』柴田元幸訳、研究社、二〇一七年
ルイ・メナンド『メタフィジカル・クラブ――米国１００年の精神史』野口良平、那須耕介、石井素子訳、みすず書房、二〇二一年

家永三郎編『植木枝盛選集』岩波文庫、一九七四年
宇野重規『実験の民主主義――トクヴィルの思想からデジタル、ファンダムへ』若林恵聞き手、中公新書、二〇二三年
公文豪「自由民権運動・人間解放への闘いの始まり」『高知市立自由民権記念館友の会ブックレット特別号別冊』高知市立自由民権記念館友の会、二〇二三年
幸徳秋水『兆民先生　他八篇』岩波文庫、二〇二三年
幸徳秋水『帝国主義』岩波新書、二〇〇四年
谷川嘉浩『鶴見俊輔の言葉と倫理――想像力、大衆文化、プラグマティズム』人文書院、二〇二二年
鶴見俊輔『アメリカ哲学』講談社学術文庫、一九八六年
鶴見俊輔『たまたま、この世界に生まれて――半世紀後の「アメリカ哲学」講義』編集グループSURE、二〇〇七年
内藤正典、三牧聖子『自壊する欧米――ガザ危機が問うダブルスタンダード』集英社新書、二〇二四年
松永昌三編『中江兆民評論集』岩波新書、一九九三年

17

原爆、安保、沖縄――青木真兵

二〇二四年六月三日

『はだしのゲン』の衝撃

たぶん小学三年生か四年生のころだったと思う。道徳の時間に観た「はだしのゲン」のビデオによって、原爆は僕の中で完全にトラウマになってしまった。

アニメーション映画『はだしのゲン』は、太平洋戦争末期の一九四五年八月六日、広島に原爆が投下された後の数年間にわたる主人公、中岡ゲンとその家族・友人たちの生活を描いた漫画作品が原作である。観たことのある人は知っていると思うが、まず冒頭のシーンが衝撃的なのだ。

「観ない」という選択をした同級生もいたから、担任の先生は事前に注意換気してくれていたのだと思う。僕は大丈夫だろうと高を括っていたのが、完全に裏目に出た。

教室の左端にブラウン管のテレビがあり、その上の棚にビデオデッキが載っていたのを覚えている。僕はテレビに面した最前列、もしくは二列目くらいに座っていて、何も身構えていなかった。

それはデッキにビデオカセットが吸い込まれ、本編が始まって数分後のことだった。

何気ない日常が描かれたかと思うと、突然、空襲警報が鳴り響く。次の瞬間、画面に広がったのは、広島の街の惨状だった。原子爆弾が投下されたとき、その下で高熱の爆風に晒された人びとが、どうなってしまうのか。平凡な日常が一瞬にして地獄へと変わる様子が写実的に描かれていた。

この日のトラウマから、僕は空襲警報と同じサイレンが鳴る、夏の高校野球のテレビ中継が見られなくなった。そして日常を地獄へと変えた一瞬の光や「ピカ」という言葉にも、嫌な記憶がこびり付いた。

光嶋さんはルイス・カーンの光について書いていたけれど、実は僕が光から連想するのはこの『はだしのゲン』の恐ろしい光景だ。『はだしのゲン』に大きなインパクトを受けた人は多いのではないだろうか。それだけ戦争の悲惨さ、残酷さ、不条理さがまっすぐに伝わってくる、優れた作品だと思う。

二〇二三年四月、広島市教育委員会が児童・生徒向けに作成している独自教材「ひろしま平和ノート」の改訂に伴い、小学三年生向けの教材から漫画『はだしのゲン』が削除されたという二ュースを見た。

教育委員会によると、『浪曲』や『池のコイを盗む』などの場面の背景理解に補足説明が必要で、時間がかかる」「漫画の一部では被爆の実相に迫りにくい」などの指摘を受けた措置だという。歴史教育とはほぼすべてが「背景理解」だといっても良い。つまり、それに時間がかかるから削除するというのは、その時代の歴史など知る必要がないと言っているに等しい。

この「措置」は十分、歴史修正に値する行為だと思うし、僕に言わせれば「そこ（削除されたところ）が一番いいところ」だ。幼い僕の脳と心に衝撃とともに戦争の本質を植え付けてくれた作品へのアクセスが閉ざされてしまうことを、大変残念に思った。

神話を信じ続けるアメリカ

改めて、歴史的事実について確認しよう。原子爆弾（原爆）は太平洋戦争最末期の一九四五年八月六日に広島に、九日に長崎に投下され、その年末までに広島でおよそ一四万人、長崎でおよそ七万人が亡くなった。

原爆はもともと日本への使用を想定して開発されたわけではなく、ナチスドイツの原爆開発を恐れたアインシュタインらがアメリカのルーズベルト大統領に研究を進言し、計画が開始された。一般的には原爆が完成する前にドイツが降伏したため日本に投下されたとされているが、平和学を研究する木村朗とアメリカ史研究者の高橋博子によると、日本への投下はドイツが降伏する一九四五年五月七日以前の四三年五月五日には決定していたという。

このとき検討[*1]されたのは、当時日本の基地が置かれていたカロリン諸島のトラック島です。ここに集結している日本艦隊が投下先の候補とされました。当時は、原爆が完成したとしてもどれくらいの確率で狙い通りに爆発するのかわからず、不発のリスクもあることから海への投下が適当だろうと考えられました。もし不発でも、日本軍に原爆をすぐに発見されないようにするためです。

広島、長崎が候補として挙がるのは、一九四五年四月二十七日に開かれた目標選定委員会においてです。(中略)

四月二十七日の第一回目標選定委員会では一七都市が候補として挙げられました。広島、長崎の他に、東京湾、川崎市、横浜市、名古屋市、京都市、大阪市、神戸市、呉市、下関市、山口市、八幡市、小倉市、熊本市、福岡市、佐世保市が含まれます。五月十日から十一日にかけて第二回目標選定委員会が開かれ、京都、広島、横浜、小倉、新潟の五カ所に絞られました。優先順位は京都、広島が「AA」で最も高く、次いで横浜と小倉が「A」、その下が新潟で「B」でした。

木村朗＋高橋博子『核の戦後史　Q&Aで学ぶ原爆・原発・被ばくの真実』

創元社、二〇一六年、九〇〜九一頁

最終的に原爆の投下目標が広島と長崎になったのは、当日の偶然もあってのことだ。九日の朝、小倉へ飛来したB29は投下目標が目視できず、そのまま長崎へと飛び原子爆弾を投下したからである。原爆投下の目的は日本に対して心理的な影響を与えるという軍事的な目的に加えて、戦後の国際秩序を念頭においたソビエト連邦に対するデモンストレーションでもあったという指摘もある。

しかし重要なことは、原爆投下のおかげでこの悲惨な戦争が終わったと、アメリカが未だにこの行為を正当化していることである。再び『核の戦後史』から引用しよう。

原爆問題について、まず確認しておきたいのは、アメリカは過去七十年間、広島、長崎へ原爆を投下した行為を、一度も公式に謝罪したことがないという点です。「核のない世界」を宣言して(宣言しただけで)ノーベル平和賞を受賞したオバマ大統領を含めて、誰一人、「原爆投下は誤りであった」と語ったことはありません。それどころか、「原爆投下は何百万もの米国民の命を救った」(ブッシュ・シニア大統領、一九九一年)、「トルーマン大統領が下し

＊1　一九四三年五月五日

た原爆投下の決断は正しかった」（クリントン大統領、一九九五年）と発言しているように、原爆投下は（戦争を終結させたので）正しかった、と言いつづけているのです。（中略）私の考えはこうです。

原爆の使用が戦争の終結をもたらし、米軍を中心とする連合国軍兵士だけでなく、日本人も含めた多くの命を救ったということが事実ではなくて神話であることについては、多くの歴史家の意見が一致している。さらに言えば、原爆投下で終戦が早まったのではなく、むしろ原爆の開発と投下のために戦争は意図的に引き延ばされ、その結果、犠牲者の数も増えたというのが事実である。

前傾書、一七〜一九頁、傍点は引用者

「核の世紀」を生きるぼくら

原爆によって太平洋戦争が集結したことは神話であって事実でないことは言を俟たない。むしろ、原爆投下によって本格的に「核の世紀」が始まったといえる。

しかし『はだしのゲン』を観て原爆や戦争の恐怖が染み付いていたはずの僕も、日本各地に原子力発電所が存在するという問題をまったく考えずに暮らしていた。一九八六年四月に起こったチェルノブイリ原子力発電所の事故も、当時三歳と幼かったこともあり、どこか他人事だと思っていた。原発ではないが、一九九九年九月に発生した茨城県東海村のＪＣＯ臨界事故では、亡くなった方もいるし、多くの方が被ばくした。それにもかかわらず、日本国内のどこにどれくらい原発があるのか、なぜつくられ、地域にどのような影響をもたらしているのかについて無関心だったことが、今となっては恥ずかしい。

二〇一一年三月一一日に起きた東日本大震災によって、「原発」の問題は再び注目の的になった。福島第一原発はどうなってしまうのか。メルトダウンを起こしているのか、起こしているとしたらどのような影響があるのか。当時Twitterのタイムラインばかり気にしていたのを覚えている。その危険性の高さとは裏腹に、正しい情報が発信されているように思えなかったからだ。そんなことがなぜわかるのかと言われればそれまでだが、そんな気がしたのだ。どうやら現行の経済システムを変更しなくて済むように、人びとが正確な状況判断をするのに必要な情報が隠されている、と。

チェルノブイリ原発事故でも情報公開の遅れが、犠牲者数の拡大に結びついたし、その後の政府の対応によってソ連の崩壊が早まったとも言われている。

3・11をめぐる政府やマスメディアの情報発信のあり方は、明らかに僕のメディア不信を強めた。あまり直接的とは言えないものの、自前のメディアを持つことの重要性に気がつき、オムライスラヂオを始めるきっかけにもなった。当時はテレビや新聞がスポンサーを配慮して報道していないのだと思っていた。しかしその後、作家・矢部宏治の著書を通じて、問題はずっと根深いことを知ることになる。

三・一一福島原発事故が起きたあと、「原子力村」という言葉をよく耳にするようになりました。ひとことで言うと、電力会社や原発メーカー、官僚、東大教授、マスコミなどが一体となってつくる「原発推進派」の利益共同体のことです。（中略）

こうした原子力村の構造があきらかになったことは、戦後日本の謎を解くための大きなカギとなりました。というのはこの原子力村は、「日米安保村」というそれよりはるかに大きな村の一部であり、相似形をしている。ですからこの原子力村の構造がわかれば、日米安保村の構造も、おおよその見当がつくわけです。

ではその「日米安保村」、略して「安保村」とはなにか。

簡単に言うとそれは、「日米安保推進派」の利益共同体のことです。その基本構造は原子力村とまったく同じで、財界や官僚、学界や大手マスコミが一体となって、安保推進派にとって都合のいい情報だけを広め、反対派の意見は弾圧する言論カルテルとして機能しています。

矢部宏治『日本はなぜ、「基地」と「原発」を止められないのか』
講談社α文庫、二〇一九年、一五四〜一五六頁

日本とアメリカの交点、沖縄

原発の問題は日米安保に通ずるという。ちなみに日米安保とは「日本とアメリカの安全保障」の略である。矢部は原発をめぐる日本とアメリカの関係と、軍事上の関係は構造的に似ていると述べている。そしてこの背景には太平洋戦争における日本の敗戦と、戦後の国際秩序における日本の立ち位置が深くかかわっている。

両者の交点には沖縄がある。太平洋戦争末期、日本軍は本土を守るため、沖縄になるべく米軍をひきとめて時間をかせぐ「持久戦」の作戦をたてた。その結果、日本側は沖縄出身者以外の兵士も含め、推計で一八万人以上が亡くなったと言われている。哲学者の高橋哲哉は沖縄のこのときの状況について、以下のように記している。

一九四五年の三月末から約三か月戦闘が続いたのですが、日本軍は「軍民一体」の名のもとに民間人（女性、子どもを含む）を総動員し、その結果、県民の四人に一人が戦死するという稀に見る悲惨な結果となりました。一家全滅というケースも少なくありませんでした。

沖縄戦でのこうした犠牲は、日本における沖縄差別を顕わにしたものでもあります。沖縄戦を一般に「捨て石作戦」と呼ぶゆえんです。

一九四五年といえば、日本の敗戦は必至の状況でした。そんななかで当時の日本の指導層が恐れたのは戦争に負けることだけではなく、その結果、天皇の戦争責任が追及され、天皇制が崩壊してしまうことでした。

高橋哲哉『沖縄について私たちが知っておきたいこと』ちくまプリマー新書、二〇二四年、三一～三二頁

ここから分かるのは、日本が占領下にある時期、占領軍トップのマッカーサーと昭和天皇が、憲法九条で非武装国家となった日本の防衛のために、沖縄を米軍の軍事要塞にする必要があるという点で意見が一致していたことです。沖縄が「平和憲法」とセットで本土防衛のために犠牲にされるという構造が、ここにあることは否定できないでしょう。そしてこの構造は、日米が講和条約を結んで占領が終結してからも、今日まで一瞬も途切れることなく続くことになるのです。

前傾書、五〇頁

「アメリカ」という補助線

僕はこのリレー・エッセイの第一便で、「自分の人生にアメリカは関係がないと思っていた」と書いた。まずそのこと自体、自分の国が依って立つ仕組みをまったく知らなかったことの証

左だし、その仕組みが沖縄をはじめとする多大な犠牲の上に成り立っていることをまったく考えていなかったことを顕にするものだった。このリレーエッセイを通じて明らかになり、恥ずかしい限りだ。

二〇二四年一月にうるま市浜比嘉島にある書店「本と商い ある日、」を訪ねた。沖縄に行くのは大学生以来だったが、現在の日本や沖縄、僕自身の状況や関心を踏まえているからだろう、当時とまったく印象の異なる沖縄がそこにはあった。

以前書いたように、大学時代の旅では戦争の史跡を回った。その悲惨さに頭を打たれたような衝撃を受け、心は重かった。今回は戦跡めぐりはしなかったが、沖縄が日本でも中国でもアメリカでもない唯一無二の場所だという思いを強く抱いた。普天間から辺野古への米軍基地移設に関して、二〇一三年の辺野古埋め立てをめぐる県民投票の結果が日米両政府に顧みられなかったことに、大きなショックを受けていたからかもしれない。

食文化、映画や音楽、政治経済を含め、日本にとってアメリカ文化はローカルカルチャーというよりも、グローバルカルチャーだ。特にビジネスの文脈においては、好むと好まざるとに限らず流入し続ける、それがアメリカ文化だ。しかしそれはあくまで日本の本土にとってのアメリカである。

沖縄にとってのアメリカは、非常にローカルなものだ。在日米軍基地の約七割が存在する沖縄の人たちの生活には、常に「アメリカ」が複雑に絡み合っている。

僕の中のアメリカは、「自由と民主主義」を信じ、不正に対して声を上げる市民社会の代表といったグローバルな価値を有する国である一方で、人種差別が横行し、罪のない人びとの上に爆弾を落とし虐殺してきた国でもある。あらゆる物事には両面があるとわかっていても、僕たちにはどうしても自分にとって都合の良い側面しか見ようとしない傾向がある。

本エッセイで書いてきたように、僕にとって「アメリカ」は、近すぎず遠すぎない「他者」だ。他者の姿を通じて自分たちのありようは明確になる。そういう意味で、アメリカは自分や自分のいる社会の状況を理解するための、補助線のようなものだという気がしている。見通しが立たない社会に生きる僕たちをかんじがらめにする糸も、アメリカをキーワードにすると解け、人類の理念と現実に対する解像度が上がってくる。

果たしてアメリカは、グローバルな価値を保持する国であり続けるのか。それとも自らの事情を優先する、一ローカル国となっていくのか。未来のことはわかりかねるけれども、僕たちは他者を通じて自分たちの社会をより良いものにしていく作業をやめてはならないし、読者の方々がこのリレーエッセイからその種を受け取ってもらえたなら本望である。

18

終わらない会話のために――光嶋裕介

二〇二四年六月二四日

ニュージャージー州に住んでいた少年時代、夏休みになると、家族で父の運転するダットソンに乗ってどこまでも続く広いハイウェイをよくドライブした。

行き先は、週末にふらっと行くマンハッタンと違って、ボストンやフィラデルフィアなど少し遠方の街。どこに行っても、必ずその街の美術館に連れていかれたのが、私にとって最も古い記憶のひとつである。

映画「ロッキー」で有名になったフィラデルフィア美術館のあの大きな階段（通称ロッキー・ステップ）も、兄と走り回った。当時小学校低学年だった僕には芸術などよくわかるはずもなく、兄とふざけて遊んでは怒られていたが、ゴッホの《ひまわり》やモネの《睡蓮》、カルダーの彫刻には、子どもながらに惹きつけられるものが確かにあった。

それは、頭で理解するというのではなく、目の前にあるのが本物の芸術作品であるというリアルな実感みたいなものだった。僕のアートに対するリスペクトや憧れは、この幼少期に本物の一流芸術へのファーストコンタクトによってつくられたように感じている。

そうした経験を通して身体の奥に積み重なった「本物の芸術」体験が、建築家としての私の価値観の土壌を豊かに耕してくれていたのだろうか、建築を学ぶ大学生になると、バックパッカーとして旅する先々で必ず美術館を訪れるようになった。芸術作品に繰り返し触れるうちに、自分の好きな画家というのができてくる。なかでも好きになったのが、ニューヨーク近代美術館（MoMA）で幾度となく観てきたジャスパー・ジョーンズ[*1]とフランク・ステラ[*2]である。

ジャスパー・ジョーンズとフランク・ステラの「引用」

この二人については、初めて作品に触れた瞬間、眩暈がするほどの興奮を覚えた。一目惚れだった。

ジャスパー・ジョーンズの《旗（Flag）》ははじめ、少年だった僕の心に大きな違和感として刻まれた。通っていた小学校の教室に掲げられていた星条旗とは、ずいぶんかけ離れたイメージだったからだ。日本と違い、アメリカでは星条旗をよく目にするし、国歌もよく耳にする。

そんなイノセントな愛国心とは違って、漂白されたかのような極度にドライな感触がジョーンズの作品にはあった。カラフルなのにどこか透明な印象を強く持った。何か特別なメッセージが込められているに違いないと感じるも、はっきりとそれが何であるかは、よくわからなかった。

父が気に入って買ったジョーンズの《地図（Map）》の巨大ポスターは、今も実家のリビングの壁を独占している。アメリカの地図がラフなタッチの原色で大胆に塗られていて、その上に描かれたステンシル文字の地名がまた不思議な印象を与えている。《旗》と同様に、ジョーンズの絵画から目が離せなくなった。

画家で彫刻家のフランク・ステラも、その独特な造形は一度観ると忘れられない魅力があり、すぐ好きになった。

特に初めて観た《ブラック・ペインティング》には、吸い込まれるものがあり、つい足が止まってしまった。その名の通り黒一色で描かれたこの不思議な絵画は、ステラがジョーンズの《旗》シリーズにインスパイアされて描いたことを後で知って、妙に納得した。

＊1 Jasper Johns（一九三〇〜） ネオダダ、ポップ・アートの先駆者として知られるアメリカの画家。初個展で発表した「旗」や「標的」「数字」などをモチーフにした絵画は、ニューヨーク美術界に衝撃を与え、ポップ・アートへの道を開いた。

＊2 Frank Stella（一九三六〜二〇二四） 戦後アメリカの抽象絵画を代表する画家・彫刻家。絵画の形態と構造に挑戦し続けた、ミニマル・アートの第一人者。

いつだって芸術家たちは、時代を感じ取り、それぞれに影響し合いながら作品を創作し続けている。

建築家の鈴木了二は、『非建築的考察』のなかで、こう批評する。

ジョーンズは、既製品としての「記号」に付着した「意味」を操って、直接的に自らの思想を語り出そうとはしていないのだ。（中略）問題は「旗」というモティーフ自体にあるのでもなく、またモティーフ使用にあるのでもなく、「選び出す」というジョーンズの行為の中にある。その行為とはすなわち「引用」である。

鈴木了二『非建築的考察』筑摩書房、一九八八年、三二頁

星条旗は、アメリカ合衆国独立当初の一三州を意味する赤（大胆さと勇気）白（純真さと潔白）合わせて一三本のストライプと、現在の五〇州を意味する五〇の星という記号で構成されている。ジョーンズは、そうした意味をもつ記号としての星条旗の表面から意味をペリッと剥がし、ひとつのイメージとしての絵画をただ提示してみせた。鈴木のいう「引用」に私の感じた透明な物語のヒントがありそうだ。

ステラも、ジョーンズの《旗》の星条旗のストライプから色を消して、線だけに還元し、抽象化することで、私たちに芸術が獲得し得る本当の意味、最良のメッセージを問うたのである。

法と秩序としてのグリッド

二〇世紀美術批評の大家であるロザリンド・クラウスは、『アヴァンギャルドのオリジナリティ』の巻頭に「モダニズムの神話」を置き、「グリッド（Grid）」と題した文章から論じている。

グリッドは、自然的諸対象がみずからに固有の秩序を持とうとする要求を無効にする一つの方法である。すなわち、美的な場における諸関係は、ある別世界に存在すること、そして自然的諸対象に関して、これらに先行し、かつ最終的なものであるということが、グリッドによって示される。グリッドは、芸術の空間が自律的であると同時に自己目的的なものであることを宣言する。

ロザリンド・クラウス『アヴァンギャルドのオリジナリティ』谷川渥、小西信之訳、月曜社、二〇二一年、一三頁

批評家らしく、なんともわかりにくい文章ではあるが、辛抱してもう少し読み進めていくと、「グリッドは確かに物語ではないが、構造である。しかもこの構造は、モダニズムの意識、あるいはむしろその無意識の内部に、科学の諸価値と精神主義の諸価値との矛盾を、抑圧された

なにものかとして維持する」[*3]とクラウスは書いている。

なるほど、グリッドとは、モダニズムの思想的核としての秩序を示す構造だったのだ。あまりに抽象化され、強く支配的であるため、発展・展開するのが極めて難しいとクラウスは指摘している。ジョーンズが引用した星条旗というモティーフも、ステラの抽象的な線も、秩序としてのグリッドそのものを描くバリエーションにすぎないと考えられそうだ。

「Law and Order（法と秩序）」という言葉もある。思想としての「グリッド」を秩序の表出と考えてみると、グリッドは、法のメタファーとしても解釈できるだろう。

アメリカ独立宣言の起草者のひとりである第三代アメリカ大統領トマス・ジェファソンも、国を統治する上で、各州の領域を示す線を引いた。さらにそれぞれの都市には「ザ・グレイト・アメリカン・グリッド」なるものを引いていった。民主主義によって国に秩序を付与するための支配の構造は、やはりグリッドによって遂行されたのである。

温存された奴隷制度

世界の法と秩序を保つための構造について考えていたら、エバ・デュバーネイ監督が製作した『13th――憲法修正第13条』[*4]というドキュメンタリーを思い出し、ネットフリックスで再び観てみたら、深いショックを受けた。

ごく簡単にまとめると、一八六五年に制定された奴隷制を禁止する修正法「合衆国憲法修正第一三条」は、すべての人に自由を認めるはずだったが、「犯罪者（criminal）は例外」という除外規定が設けられていた。これが法の抜け穴となり、人種差別が蔓延り、弱者が搾取され続けている。そこからアメリカという国が抱える矛盾を、切れ味鋭く明かしていくという作品だ。

第一六代リンカーン大統領は、奴隷だったフレデリック・ダグラスと対話し、「奴隷解放」という大義名分を与えることで劣勢だった南北戦争に黒人を出征させたが、勝利を収めた終戦後、暗殺されてしまった。その後修正第一三条が制定されたものの、本当の意味で奴隷をなくすことはできなかった。

白岩さんが第一〇回で論じたように、白人と有色人種を隔離するジム・クロウ法は、一八七六年からキング牧師などの公民権運動などによって廃止される一九六四年まで存在し、アフリカ系アメリカ人に対する根強い差別的な人種問題は形を変えながら今もしぶとく存在し続けている。この修正第一三条の除外規定に示された「犯罪者」は、結果的に奴隷と同義なのだ。弱者が搾取され続ける構造は温存されてきたことになる。

＊3　クラウス『アヴァンギャルドのオリジナリティ』二九頁
＊4　13th（二〇一六年製作／一〇〇分／アメリカ／エバ・デュバーネイ監督）　根強く残るアメリカの人種差別問題と歪んだ刑務所制度の関係性に鋭く切り込んだ社会派ドキュメンタリー。

「クラック」と呼ばれるコカインなどの麻薬の売買や乱用を理由に、アフリカ系やヒスパニック系が、次々と逮捕・投獄されるようになった。アメリカの刑務所に収監されている受刑者数は、一九七〇年には三五万人だったが、八〇年には五一万人、九〇年には一一一七万人、二〇〇〇年には二〇一万人とものすごい勢いで膨れ上がっている。アメリカの受刑者の多さは世界的に見ても異常というほかない。なかでも、アフリカ系アメリカ人の投獄率は、人口比率よりもはるかに高い。その結果、おびただしい数の家庭が崩壊し、貧困と犯罪がループする負のスパイラルが生まれ、社会はますます二極化してしまっている。

修正第一三条がアフリカ系アメリカ人コミュニティに与えた打撃は計り知れない。奴隷制がなくなっても、犯罪者という弱者が現代の奴隷として搾取され続ける構造は今なお残っているのである。

作品中、大量投獄を可能にする法律によって刑務所が民営化し、ビジネスとして潤っている様までドキュメントされていたのには、言葉を失った。なんと、米国立法交流協議会（ALC）なる団体が、大量投獄を可能にする法律を立案したり、刑務所内での安い労働力で利益を得る企業からサポートを得たりしていたのである。

それと並行して、マジョリティである白人が警察という権力の座につくことで、社会は深く分断し、軋轢が大きくなるにつれ、BLM（ブラック・ライブス・マター）などの運動が生まれていく。

Never Enoughの精神で「法と秩序」から自由になる

さて、グリッドに話を戻そう。

建物を設計する際にはまず、柱や壁の位置の基準として「通り芯」という線を引くのが常である。通り芯は、横(東西)にX1、X2、X3……、縦(南北)にY1、Y2、Y3……という具合に引かれていく。つまり基本的に通り芯という「グリッド」を下敷きに、建築のデザインは考えられている。通り芯という「法と秩序」の下に建築が考えられているといえるだろう。

第六回で書いたように、ミースもジョンソンも、このグリッドにきれいに沿った近代建築をつくった。都市の時代である二〇世紀において、グリッド都市の最高峰であるマンハッタンが、資本主義のアメリカで最も繁栄したことは決して偶然ではない。

しかし、である。そんな当たり前の「グリッド」を拒絶する建築家も、アメリカにはいる。カナダ出身で、ロサンゼルスを拠点に活動するフランク・ゲーリー[*5]だ。ゲーリーの建築は、グリッドを基準にしない自由な造形が特徴的な、幾何学に収まらない「デコンストラクション(脱構築)」建築である。

＊5　Frank Owen Gehry(一九二九〜)　カナダ出身のアメリカの建築家。作品は直感的で彫刻的で、脱構築主義の先駆けとして知られる。

二〇世紀末にスペインの廃れた工業都市に完成したゲーリーの代表作《ビルバオ・グッゲンハイム美術館》は、世界中から観光客を呼び寄せている。これは、ひとつの圧倒的な建築には街を復興させる力があることを示したエポックメイキングな建物で、世界中の都市がこの成功体験を真似しようとして「ビルバオ効果（Bilbao Effect）」が起きたほどである。

ゲーリーの建築がグリッドに抗うことができるのは、新たな建築の秩序を自ら創出したからである。

ゲーリーは、紙の模型で設計をすることで知られている。理論的というよりも、直感的な感性が彼の設計の中心に据えられていて、その作品からは、本人が楽しんで設計していることがよく伝わってくる。設計手法はプリミティブかつリアルだが、デジタル技術を駆使してバランスよく設計を進めることで、唯一無二の建築をつくり続けているのだ。

ゲーリーの評伝を書いたポール・ゴールドバーガーは、「彼は設計手法を語るとき、『検討する』よりも『遊ぶ』という言葉を好んで使ったが、まず建築の機能的なプログラムを表す大小様々な大きさの木のブロックを使って『遊ぶ』ことから始めるのが好きだった[*6]」と書いている。また、「フランクは世界の混乱や矛盾を愛し、自分の建築はそれらを祝福するものでありたいと望んでいたが、その一方で、彼は根っからの完璧主義者でもあった。そして、彼は設計プロセスそのもの、そして設計がまだ固まっていないときの無限の可能性が好きだった[*7]」とシャープな考察を加えている。

そんな子どもの工作遊びのような模型を、飛行機などの航空業界で使用する設計ソフト（CATIA）を使ってデジタル情報に還元し、そこから実際に建設するための実施設計を進めていくのが、ゲーリーの真骨頂だ。建築の設計（造形）のみならず、施工（材料）や見積り（お金）にもデジタルな合理性を追求する。「ゲーリー・テクノロジーズ」なる総合システムまで自作し、専用の会社を設立してしまう徹底ぶりである。

ゲーリーの評伝のタイトル『建築という芸術』（原題：Building Art）が示すように、法や秩序としてのグリッドから自由になるためには、建築家は高い水準で「芸術」をつくる姿勢を忘れてはならないということである。

ゴールドバーガーは、「すべての芸術作品は、作者の人生から生まれるものである。しかし、最も偉大な芸術作品には、わたしたちに内省を促し、それを自分自身の経験として昇華させる力が備わっている」と書き、次のようにゲーリーの評伝を締め括っている。

「建築は、スタートした時点では、自分がどこに向かっているのかわからない」と彼は語

＊6　ポール・ゴールドバーガー『建築という芸術　評伝フランク・ゲーリー』坂本和子訳、鹿島出版会、二〇二四年、三八〇頁
＊7　ゴールドバーガー『建築という芸術』三八一頁

る。「もし行き先がわかっていたら、絶対にそこには行かないだろうね」。

ポール・ゴールドバーガー『建築という芸術　評伝フランク・ゲーリー』
坂本和子訳、鹿島出版会、二〇二四年、五七七頁

「設計がまだ固まっていない無限の可能性」にこそ、創造的に内省を繰り返す自由の源がある。私は、このゲーリーの姿勢に心から共感する。なぜなら、なにかをつくることの最大の喜びは、つくった後にわかることが多いからである。建築を設計するとは、建築をつくる前から計画することを意味するが、すべてを予め計画することなどできないし、つくってみなければわからない偶然性をも引き受ける覚悟がときに設計には必要であると私は考えている。

建築家として私のモットーは、「Never Enough」である。より良いものをつくるために、貪欲に学び続けたい。満足して、わかった気になることを恐れ、常にもっと成長できる余地を見つけたいと信じて、行動したい。このリレーエッセイの第一巡（第二回）で私は、自分は「オプティミスティック（楽観的）で、プラグマティック（実利的）な人間」だと言われることがあると書いたが、その原点は、このモットーにあると考えている。

そして「Never Enough」であるために、ゲーリーのように「どこに向かっているのかわからない」という感覚を、大事にしたいのだ。

自分のグリッドを見つけるために

『怒りの葡萄』で自然の猛威と資本家たちと戦う貧しい農民の物語を描いた作家のジョン・スタインベックは、晩年に発表した文明論的なエッセイ『アメリカとアメリカ人』の最後で、祖国の未来に向けて次のような複雑な心境から希望の言葉を紡ぎ出している。

われわれは完全に道を失ったわけではない。過去からの道は行きづまりになったが、将来への道をまだ発見していないのだ。私は、われわれがこの道を発見すると思うが、その方向は、現在のわれわれにはまだ考えつかないのかもしれない。しかし、道が浮かびあがり、それを進んで行けば、道は方向を持ち、目標を持つにちがいなく、その旅は期待の喜びであふれるにちがいない。

というのは、今日の子供は世界を憎むがゆえに、憎しみにあふれた世界をつくり、さらには世界を破壊しようとし、ときには自分自身も破壊しようとしているからである。われわれは親たちが祈り、望んでくれたものを獲得するのに成功したが、われわれを破壊しているのは、この成功である。

ジョン・スタインベック「アメリカ人と未来」『アメリカとアメリカ人』大前正臣訳、サイマル出版会、一九七五年、二〇六〜二〇七頁スタインベックの言う「道」は、「グリッド」とも共鳴する。法と秩序としてのグリッドは、他者から与えられるものではなく、自らが生きるものであるべきなのだろう。

ゲーリーがグリッドから自由に建築を設計したように、自らの喜びの感覚（遊び）を頼りに、新しいグリッドをそれぞれが見つけるには、どうしたらいいのか。

この問いに模範解答は、ない。「わからない」から歩むのであり、実際に道を歩くことによって、後からそれぞれの意味が訪れてくるものでもある。

歴史小説家の司馬遼太郎は、「文明という人工でできあがった国」アメリカを訪れて書いた『アメリカ素描』の最後を次のようにまとめている。少々長いが引用したい。

アメリカは、たしかに自由と平等の国である。

ここにも、国家権力という鳥籠がある。しかしそれは、右の二つの理念を理想的に護持しようとするための鳥籠で、結論としてはできすぎたほどの国ではないか。

ただそのできすぎを可能にしてきたのは、第一にその国土にあるといっていい。ありあまる食糧をつくりだして、ひとびとを飽食させてきたということである。第二に地下資源のゆたかさであり、第三にヨーロッパからひきついだ科学技術である。これが巨大な工業を生み、ひとびとに富をあたえ、さらにはその余裕のなかからうまれた諸芸術がひとびとを倦ましめない。

こういう条件の上でこそ、自由と平等、あるいは人権の尊重、機会均等といったものがなりたつのである。

ただ、それだけでは人間は満足せず、より高い理想をもとめようとする。六〇年台のヒッピーや禅のブームなども個々の内部でうずいている精神的なものへの渇望や希望のあらわれといえるが、国家レベルでいえば、アメリカには、抜きがたい悪癖がある。他の何一つアメリカ的条件を持たない国々に、

「アメリカのようになれ」

と、本気で勧めてまわることである。このおかげで、資本主義と称しつつも頑丈な鳥籠のような独裁国家をつくったり、また絶望的な汚職国家をつくったりする国がふえた。もっともその結果の一つであるベトナム戦争の失敗は、アメリカをずいぶん考えぶかい国にしたようではあるが。


司馬遼太郎『アメリカ素描』新潮文庫、一九八六年、四五六〜四五七頁

ここで司馬は、アメリカという文明が世界にもたらしたグローバリズムと、国家が抱える矛盾を的確に指摘している。そして、アメリカの悪癖が9・11を引き起こす前に、司馬はこの世を去った。この「アメリカのようになれ」という悪癖をどうしたらなくせるか、その鍵は、個々

人の寛容さに大きくかかっていると思えてならない。

世界を破壊するのではなく、ましてや自分を破壊するのでもなく、それぞれの道を他者への敬意を持ちながら進むこと——それこそが分断を自覚した上で共存できる豊かな道であり、「生き直す」ために必要なのは、寛容な姿勢なのだろう。あるはずもない唯一の真理を探求する近代哲学を否定したアメリカの哲学者リチャード・ローティは、プラグマティズムを展開する中で、「会話を継続させること」を哲学の使命として再記述した。

完全に矛盾なく生きられるほど人間は強くない。自分自身の考え方さえ変わっていくのだ。変化の中で矛盾を減らすには、多様なものをゆるく統合することが必要で、そのためにはやはり他者との会話を粘り強く続けていくしかない。本音で話せる本気の会話だ。わずかな想像力があれば、できるはずである。

ネオプラグマティズムの思想家・ローティを研究する哲学者の朱喜哲は、「『寛容』とは、思いやりや配慮などではなく、自身の利害関心に適度にブレーキをかけ、他者の利害関心の追求に首をつっこんで、それを自分ゴト化しないように心がけることです。さらにいえば、それは自身の利害関心にもとづいた想像力をはばたかせてしまい、あらゆるものを敵か味方かに二分してしまうような習慣を見直すこと」[*8]と指摘する。

これは、頭でわかっても、実践するのはなかなか難しい。しかし、矛盾に絶望することなく、少しでも生きやすい社会を手づくりするために、与えられたグリッド（法と秩序）を自ら手入れし、寛容な姿勢で会話を続けていきたい。ひとつの真理がそれぞれにとってユニークな姿を持ち得ることを自覚し、ゴールに辿り着く「結果」より、絶えずチューニングしていく「過程」にこそ目を向けたい。

アメリカの歴史学者ジョン・ダワーは、戦後日本を精緻に研究した著書にこう書いている。

日本はどうすれば、他国に残虐な破壊をもたらす能力を独力でもつことなく、世界の国々や世界の人々からまじめに言い分を聞いてもらえる国になれるのか？　この問いこそ、「憲法九条」が残し、「分離講和」が残し、「日米安保条約」が残したものである。

ジョン・ダワー『増補版 敗北を抱きしめて』三浦陽一、高杉忠明訳、岩波書店、二〇〇四年、三九五頁

そして、次のように本を締めくくっている。「敗北の教訓と遺産は多く、また多様である。そしてそれらの終焉はまだ視界に入っていない[*9]」。

ダワーから与えられたこの複雑な宿題を、しぶとく考え、会話し続ける。これは、日本人であるぼくらがアメリカについて考えるとき、避けては通れない大切なことである。

＊8　朱喜哲『〈公正〉を乗りこなす』太郎次郎社エディタス、二〇二三年、一四〇頁
＊9　ダワー『増補版 敗北を抱きしめて』三九七頁

おわりに ― 白岩英樹

のちにピルグリム・ファーザーズ（巡礼始祖）と呼ばれる一行が宗教的迫害から逃れ、イングランドを出港したのが、いまからおよそ四〇〇年前。一六二〇年の九月六日だった。しかし、信教の自由を求めた道行きには、想像をはるかに超えた困難が伴った。

主因のひとつは、彼らが乗船した帆船メイフラワー号がもともと貨物船だったこと。そのため、大西洋の荒浪や暴風に襲われながらも、乗員たちは狭小な船室に詰め込まれ、じっと耐え忍ぶことを余儀なくされた。いうまでもなく、衛生状態も悪い。加えて、洋上で新鮮な食糧や水を補給することも難しかった。航海の終盤には初冬の冷えにも苦しめられる。

字義通りの難航を経て、一一月一一日にようやく現在のマサチューセッツ州に到着する。が、「新世界」への脱出を望んだ一〇二名のうち、二名は航海中に死亡。「新大陸」の地を踏むことはかなわなかった。

彼らをさらなる辛苦が待ち受ける。マサチューセッツ・プリマス植民地で初めて迎えた冬。

厳寒に凍え、飢えに苦しみ、入植者たちは次々と倒れていく。春を迎えるころには、彼らの数は約半数にまで絶え果てていた。精神的な自由を求めた旅路は、それほど過酷だった。

にもかかわらず、というべきであろう。友好的な関係を結ぶことさえあった先住民族を迫害したのも、マサチューセッツ・セイラムで社会的に孤立していた女性たちを「魔女」として火あぶりに処したのも、自他の自由を求めたはずのピルグリム・ファーザーズの後人たちだった。

その後のアメリカが、大胆な理念を鷲掴みにしながら、自らの手をいかに血で染めてきたか。彼岸の血まみれの歴史が、此岸の窮境や欺瞞とどのようにかかわりあっているのか。それらの詳細は、本書で展開されたエッセイで明らかであろう。

我々をピルグリム・ファーザーズさながらの旅路へ連れ出してくれたのは、青木真兵さんであった。記録を見返すと、二〇二三年九月六日に青木さんから届いた一通のメールから、我々の航海は始まっていたようである。

歴史学を学んだ経験をもとに、あらゆる人間の営みを壮大なスケールから相対化する。そのような彼の臆せぬ言動は、ときに我々を混乱の渦に巻き込み、ときに狼狽させ、ときに攪乱してくれた。青木さんが果敢にも帆を上げなかったら、我々の航海は実現しなかった。のみならず、わたし自身もこれほど困惑し、葛藤に身をよじり、頭も心も総動員しながら言葉を紡ぎだす必要性を感じることはなかっただろう。思いもよらぬ言動でわたしを動揺させ、つねに異《い》な存在として同道してくれたことにあらためてお礼を言いたい。

いざ船上で暮らし始めるにあたっては、光嶋裕介さんが自他の〈交感／交換〉を前提とした、未知の建築を立ち上げてくれた。我々は、ピルグリム・ファーザーズたちが実現しえなかった甲板のテラス席で、洋上の風に吹かれながら談論に興じた。熟議が煮詰まると、我々は談笑したり、波の音や鳥の声に耳をすませたり、刻々とかたちを変える雲の流れに目を細めたりした。光嶋さんはつねに我々のたたずまいを観察しながら、ここぞというタイミングでポジティヴな言葉をかけてくれた。

光嶋さんのオプティミズムは極楽とんぼの無責任な楽天主義では、決してなかった。それは、日々のプラグマティックな営みによって掴み直された、意志としての楽観であった。つねに自他を鼓舞しながら、場のポテンシャルを深め続けてくれたことに対して、最大の謝意と敬意を表したい。

帆船のコースを気にかけ、操舵室から我々の語らいをケアしてくれたのは編集者の高松夕佳さんである。アメリカでジャーナリズムを専攻した経験から、ややもすれば過剰な相互了解やマンネリズムに陥りがちな談論に対して、潮合いを見ながら新たな風を送り込んでくれた。

盆に戻しようがない覆水の多くは、慣習化した係累によってもたらされる。回を重ねるたびに貯蔵されゆく我々の議論とバラスト水との均衡を気にかける高松さんがいてくれたからこそ、我々は未知の航路を辿ることができた。天候の変化を気にかけながら、いつも日没ぎりぎりまで甲板で話し込む我々を見守り続けてくれたことに感謝したい。

そして、本書をお手にとって敢然と乗船してくださった方々はもちろん、ウェブ上での連載時から甲板でお声かけくださった皆さまにも深謝したい。二週間に一回の更新に粘り強くお付き合いいただいたのみならず、そのたびごとに少なからぬご感想やご声援の言葉を賜った。心もとない洋上での濃密な熟議を計一八回、延々と九か月にもわたって重ね、書籍化に伴う諸作業をも続けてこられたのは、ひとえに皆さま方のおかげである。


アメリカ発の哲学、プラグマティズムを築いたのは哲学徒の集団ではなかった。ジェイムズもパースもホウムズも、もともと学んでいたのは心理学や化学・数学・論理学、法学である。皆、専門も志向もばらばらだった。だが、分散した「ぼくら」の談議から生まれたからこそ、プラグマティズムは「みんな」のプラグマティズムたりえた。

歴史と建築とジャーナリズムと文学とを専門とする我々もまた、彼らと同じように、自己のテリトリーから半歩踏み出した領域で談論を続けた。メタフィジカル・クラブと「ぼくら」とを比較するなど、厚顔にも程があることはもとより重々承知している。しかし、だからこそ、互いに誤認し、思い込み、誤読し、はき違えている箇所を尊重し、そこに我々が意図しなかった真理を見出したい。

熟議のたびに磨きあげたデッキはすっかり歪《ひず》んで、きぃきぃ軋《きし》む。甲板に幾筋も入った亀裂には、届かなかった想い、過剰に浸潤した言葉、黙過された話柄が、深く食い込んでいる。我々一人ひとりにとっても、今回の航路ほど予定調和からかけ離れた道行きはなかったように思う。

約一年にも及ぶ航海を経て我々が辿り着いたのは、いったい何処なのだろう。我々は港の周囲を見回し、恐る恐る上陸する。そして、それぞれの道を歩み出す。ある者は別の舟に乗り換えて河口を遡上するかもしれないし、別の者は港で次の出航に備えるかもしれない。もうひとりは車を駆って街へ向かうかもしれない。同じ船で別のどこかを目指すものだっているだろう。

我々がふたたび同じ船に乗りあわせることはあるのだろうか。そのとき彼《か》の国はどうなっているのだろう。それは誰にもわからない。けれど、これだけは明言できる。我々がお互いの眼に投じあったアメリカの真実が消えることは、絶対に、ない。

見るべきものを視界に捉えながら、眼球にアメリカを映し続ける。そうしているうちに、「ぼくら」の眼に映る新たなアメリカを見つめあう、そんなことだって起きるかもしれない。

そのとき、「ぼくら」のあいだで、再び未知のアメリカが出現する。「ぼくら」と「みんな」が重なりあい、「ぼくら」のアメリカ論が「みんな」のアメリカ論として立ち上がる。それら数多の矛盾を全身で受け止めることができて初めて、「ぼくら」は生き直しの起点に立ち、アメリカは「みんな」のアメリカとして再生するのだろう。航海は続く。

二〇二四年九月六日　民権一五〇年を迎えた土佐の山間にて

青木真兵

（あおき・しんぺい）

1983年生まれ、埼玉県浦和市（現さいたま市）に育つ。「人文系私設図書館ルチャ・リブロ」キュレーター。博士（文学）。社会福祉士。2014年より実験的ネットラジオ「オムライスラヂオ」の配信をライフワークとしている。2016年より奈良県東吉野村で自宅を私設図書館として開きつつ、現在はユース世代への支援事業に従事しながら執筆活動などを行っている。著書に『武器としての土着思考　僕たちが「資本の原理」から逃れて「移住との格闘」に希望を見出した理由』（東洋経済新報社）、『手づくりのアジール─土着の知が生まれるところ』（晶文社）、妻・青木海青子との共著『彼岸の図書館─ぼくたちの「移住」のかたち』（夕書房）、『山學ノオト』シリーズ（エイチアンドエスカンパニー）などがある。

光嶋裕介

（こうしま・ゆうすけ）

1979年、アメリカ・ニュージャージー州生まれ。建築家。一級建築士。博士（建築学）。早稲田大学理工学部建築学科修了。ドイツの建築設計事務所で働いたのち2008年に帰国、独立。建築作品に内田樹氏の自宅兼道場《凱風館》、《旅人庵》、《森の生活》、《桃沢野外活動センター》など。著書に『ここちよさの建築』（NHK出版 学びのきほん）、『これからの建築─スケッチしながら考えた』『つくるをひらく』（ミシマ社）、『建築という対話　僕はこうして家をつくる』（ちくまプリマー新書）、『増補　みんなの家。─建築家一年生の初仕事と今になって思うこと』（ちくま文庫）などがある。

白岩英樹

（しらいわ・ひでき）

1976年、福島県郡山市生まれ。高知県立大学文化学部／人間生活学研究科准教授。専門はアメリカ文学、比較思想、比較芸術。早稲田大学卒業後、AP通信などの勤務を経て、大阪芸術大学大学院芸術文化研究科博士後期課程修了。博士（芸術文化学）。2020年4月より高知市に在住。著書に『講義 アメリカの思想と文学─分断を乗り越える「声」を聴く』（白水社）、共著に『ユニバーサル文学談義』（作品社）、翻訳書にキャスリーン・マシューズ『祝福の種─新しい時代の創世神話』（作品社）などがある。

ぼくらの「アメリカ論」
America as We See It

2024年10月23日　初版発行

著者
青木真兵
光嶋裕介
白岩英樹

装幀・組版＝川名潤

発行者＝髙松夕佳

発行所＝夕書房
〒603-8341
京都市北区小松原北町59-21
電話　090・6563・2762
http://www.sekishobo.com

印刷・製本＝株式会社シナノパブリッシングプレス

乱丁・落丁本はお取り替えいたします。
NDC361／280ページ／13×19センチ
ISBN978-4-909179-11-1

Published by Seki Shobo, Kyoto, 2024
Printed in Japan